CODE DES PATENTES.

IMPRIMERIE DE POMMERET ET GUÉNOT, RUE MIGNON, 2.

CODE

DES

PATENTES

OU

COMMENTAIRE DE LA LOI DU 25 AVRIL 1844

SUR LES PATENTES,

PAR J.-B. DUVERGIER,

BATONNIER de l'Ordre des Avocats près la Cour royale de Paris, CONTINUATEUR de *Toullier*, ancien DIRECTEUR des Affaires civiles au Ministère de la justice.

EXTRAIT DE LA COLLECTION COMPLÈTE DES LOIS, ANNÉE 1844.

Contenant l'analyse des Débats parlementaires, les Arrêts qui peuvent servir à l'intelligence de la loi, et la solution doctrinale des difficultés que doit présenter son application.

PRIX : 1 FR. 50 C.

PARIS,

S'ADRESSER AU DIRECTEUR DE L'ADMINISTRATION,

56, RUE DE SEINE.

1845.

J'ai cherché à atteindre dans cette publication un double but :

J'ai voulu offrir aux jurisconsultes et à tous les fonctionnaires de l'ordre administratif la solution des difficultés qu'ils peuvent rencontrer dans l'application de la loi ;

Et, en outre, j'ai essayé de donner aux contribuables eux-mêmes un guide sûr et facile à consulter.

Pour cela, je me suis attaché d'abord à exprimer le plus clairement possible les règles incontestables, c'est-à-dire celles qui résultent du texte seul indépendamment de tout commentaire, et, en second lieu, à présenter des explications accessibles même aux personnes étrangères à la science du droit administratif, sur tous les points où le doute peut s'élever.

Ces explications seront d'une utilité plus certaine pour les industriels et les commerçants qui prendront la peine de jeter les yeux sur cette courte préface, dans laquelle j'ai, autant qu'il a dépendu de moi, exposé l'esprit de la loi nouvelle et résumé ses principales dispositions.

La contribution des patentes atteint quiconque exerce en France une industrie, un commerce, une profession lucrative, à moins qu'il ne soit compris dans une exception expresse et formelle (art. 1er).

Les étrangers ne sont pas plus exempts que les nationaux de l'impôt (art. 1er).

Cette contribution se divise en deux droits, l'un fixe, l'autre proportionnel.

Le droit fixe, ce qui semble vouloir dire invariable, varie cependant 1° eu égard à la population et d'après un tarif général pour les industries et professions qui sont énumérées dans un premier tableau A ; 2° eu égard à la population et d'après un tarif exceptionnel pour les industries portées au tableau B ; 3° enfin, sans avoir égard à la population pour certaines professions portées au tableau C.

Ainsi, lorsqu'on veut savoir quel est le droit fixe à payer pour une profession, il est nécessaire d'abord de rechercher dans quel tableau elle est comprise. Si elle se trouve dans le dernier, c'est-à-dire le tableau C, le chiffre est invariable ; si elle se trouve dans les deux premiers, le chiffre varie au contraire ; et deux causes influent sur la somme à laquelle est fixé l'impôt. Il y en a, en effet, huit classes et huit catégories de communes classées d'après leur population. Ainsi quand on veut connaître la somme due par le contribuable, il faut d'abord chercher dans quelle classe il est rangé, et ensuite savoir quelle est la population de la commune où il est établi.

On se tromperait en supposant que lorsqu'on ne se trouve compris dans aucun des tableaux, on est exempt de la patente. On y est au contraire soumis, à moins qu'on ne se trouve dans un des cas d'exemption expressément prévus par l'art. 13 de la loi. Lorsqu'on n'est point exempté et lorsque d'ailleurs on a une profession qui n'est pas classée dans les tableaux annexés à la loi, on paie le droit fixe imposé à la profession qui a le plus d'analogie avec celle qu'on exerce (art. 4).

Les art. 5 et 6 indiquent comment les populations sont calculées pour déterminer le droit.

Au surplus, quel que soit le nombre de professions ou d'industries qu'on exerce, on ne paie jamais qu'un seul droit fixe : c'est le plus élevé.

En règle générale, le droit proportionnel se calcule sur la valeur locative des maisons, ateliers, magasins, boutiques, etc., des contribuables.

Les cas d'exception sont énumérés dans un tableau désigné par la lettre D (art. 8).

Les art. 9, 10, 11 et 12 contiennent les règles d'après lesquelles la valeur locative est calculée et le mode que l'on suit, dans divers cas, pour l'assiette de la partie proportionnelle de l'impôt.

L'art. 13, comme on l'a vu, désigne les exceptions; il faut être compris dans la nomenclature de cet article pour échapper à la patente.

Les art. 14, 15, 16, 17, 18 et 19 ne contiennent pas précisément des exemptions, mais ils règlent des situations spéciales, et décident certaines questions qui devaient être rapprochées de celles qui consistent à savoir si telle ou telle profession est ou n'est pas sujette à la patente.

L'art. 20 est relatif à l'établissement de l'impôt; les art. 21 et 22 règlent la forme des réclamations en décharge ou réduction, et déterminent les moyens de les justifier.

Le reste de la loi est consacré à la solution de plusieurs difficultés particulières, par conséquent il échappe à l'analyse, et il faut lire les différents articles qui présentent des dispositions d'ailleurs fort claires.

CODE

DES

PATENTES,

OU

COMMENTAIRE DE LA LOI DU 25 AVRIL 1844

SUR LES PATENTES (1).

(Extrait de la Collection complète des Lois, année 1844, IXe série, Bull. MXCV, n. 11262.)

PAR J.-B. DUVERGIER.

Art. 1er. Tout individu, français ou étranger, qui exerce en France un com-

---

(1) Présentation à la Chambre des Députés le 4 février 1843 (Mon. du 5); rapport par M. Vitet le 20 mai (Mon. du 29).

Reprise le 15 janvier 1844 (Mon. du 16); discussion le 26 février (Mon. du 27), le 27 (Mon. du 28), le 28 (Mon. du 29), le 4 mars (Mon. du 5), le 5 (Mon. du 6), le 6 (Mon. du 7), le 7 (Mon. du 8), le 8 (Mon. du 9), le 11 (Mon. du 12), le 12 (Mon. du 13), le 13 (Mon. du 14); adoption le 14 (Mon. du 15), à la majorité de 209 voix contre 60.

Présentation à la Chambre des Pairs le 20 mars (Mon. du 22); rapport par M. le marquis d'Audiffret le 8 avril (Mon. du 9); discussion le 13 (Mon. du 14); adoption le 15 (Mon. du 16), à la majorité de 101 voix contre 9.

Voy. décret du 2-17 mars 1791, *portant suppression de tous droits d'aides, de toutes maîtrises et jurandes et établissement des patentes*; — décret du 20 septembre-9 octobre 1791, *sur l'organisation des patentes*; — décret du 26 septembre-2 octobre 1791, *relatif à la perception*; — décret du 4 thermidor an 3, *portant établissement des patentes pour l'exercice de toute espèce de commerce*; — loi du 6 fructidor an 4, sur le même sujet; — lois des 9 frimaire et 9 pluviôse an 5, *additions aux précédentes*; — loi du 7 brumaire an 6, *modifications*; — loi du 1er brumaire an 7, *sur l'organisation des patentes et la classification des professions patentables*; — loi du 11 frimaire an 7, art. 9, 1°, *qui attribue aux communes le dixième du produit des patentes*; — loi du 19 frimaire an 7, art. 6, *exemption en faveur des maîtres de postes*; — loi du 9 brumaire an 8, *exemption en faveur des officiers de santé attachés aux armées*; — arrêté du 15 fructidor an 8, *sur la formation des tableaux par les contrôleurs*; — arrêté du 26 brumaire an 10, *qui rend les patentes payables par douzièmes entre les mains des percepteurs comme les autres contributions directes*; — loi du 13 floréal an 10, tit. 3, *portant établissement de centimes additionnels pour former un fonds de non valeurs*; décret du 25 octobre 1806, *exemption au profit des capitaines, commandants de navires ou barques faisant le petit cabotage ou la pêche*; — avis du conseil d'État, du 28 février 1809, *sur les centimes additionnels*; — ordonnance du 23-26 décembre 1814, *sur la mention de la patente dans les actes civils et judiciaires*; — loi du 25 mars 1817, art. 56 et suiv., *sur la patente des fabricants*; — loi du 15 mai 1818, art. 52 et suiv., *fixant le taux de la patente pour certaines professions*; — loi du 17 juillet 1819, art. 20 et suiv., *sur la patente des filateurs*; — loi du 26 mars 1831, chap. 4, *sur la taxe des patentes et sur la fixation du droit proportionnel d'après la valeur locative*; — loi du 20-27 juillet 1837, art. 4, *portant établissement de nouveaux centimes additionnels*; — loi du 10 août 1837, art. 3, *sur la patente des fileurs de cocons*.

L'institution des patentes ne date que de 1791. Avant cette époque, le commerce et l'industrie étaient soumis au régime des *corps de métiers*.

C'est lors de la lutte des communes contre la féodalité que commencèrent à se former les corporations.

Mais à côté du bien qu'elles produisirent se trouvèrent de graves inconvénients; par leur or-

merce, une industrie (1), une profession non compris dans les exceptions déterminées par la présente loi, est assujetti à la contribution des patentes.

2 (2). La contribution des patentes se compose d'un droit fixe et d'un droit proportionnel.

3 (3). Le droit fixe est réglé conformément aux tableaux A, B, C, annexés à la présente loi.

---

ganisation, elles rendirent toute concurrence impossible.

Quiconque n'était pas membre de la corporation ne pouvait se livrer à telle ou telle espèce d'industrie.

Le nombre des *maîtres* était excessivement restreint, et l'acquisition de la *maîtrise* était entourée de tant de formalités et d'entraves qu'elle était presque inaccessible pour tout autre que pour les enfants des maîtres actuels. La longueur des *apprentissages*, la servitude du *compagnonnage*, les difficultés *du chef-d'œuvre*, les frais et formalités de la *réception* étaient autant d'institutions qui assuraient au maître, pendant de longues années, la jouissance gratuite du travail des aspirants.

Dans chaque localité, l'introduction des produits de l'industrie des autres endroits était prohibée avec la plus grande rigueur; les femmes ne pouvaient exercer pour leur compte les métiers les plus convenables à leur sexe, et, dans beaucoup de lieux, il suffisait d'être marié pour être exclu de l'apprentissage, et, par conséquent, de la maîtrise.

Le gouvernement vit dans les corps de métier une ressource de finance, et, tout en leur imposant des taxes, il leur attribua une foule de priviléges.

Henri III, par son édit de décembre 1581, établit les arts et métiers en corps et communautés dans toutes les villes et lieux du royaume; les artisans et les marchands furent assujettis à la jurande. Plus tard, les ordonnances de 1597 et de 1673 créèrent de nouvelles maîtrises et de nouvelles taxes.

Ce système produisit les résultats les plus désastreux. L'industrie était resserrée dans des limites étroites dont elle ne pouvait sortir; la concurrence étant impossible, il n'y avait point d'émulation entre les différents industriels, et aucune idée d'extension ou de perfectionnement ne pouvait naître et se développer.

« Le gain assuré des corps de métiers ou de marchands, a dit dans ses mémoires le célèbre Jean de Witt, les rend indolents et paresseux, pendant qu'ils excluent des gens fort habiles, à qui la nécessité donnerait de l'industrie. »

Louis XVI, par son ordonnance du mois de février 1776, abolit les maîtrises et les jurandes dans la ville de Paris; mais cette ordonnance ne reçut pas son exécution entière; elle fut même en partie rapportée dès l'année suivante, et ce n'est que le 2 mars 1791 que tout ce qui tenait aux corps de métiers fut aboli par l'assemblée constituante.

(1) Le marchand qui, au moment de se retirer du commerce, continue à écouler les marchandises qui lui restent sans en acheter de nouvelles, doit cependant être maintenu au rôle des patentes. Mais cette circonstance lui donne droit à une remise ou modération. (Ord. 1er juillet 1840, Mac., 1840, p. 187; Dalloz, 40. 3. 112; ord. 6 novembre 1839, Mac., 1839, p. 518; Dalloz, 40. 3. 55.)

De même le fabricant qui cesse de fabriquer n'en est pas moins soumis à la patente *de fabricant* pour le temps où il continue à vendre les produits de sa fabrique. (Ord., 20 novembre 1840, Mac., 1840, p. 400; Dalloz, 41. 3. 248.)

(2) On avait proposé de convertir l'impôt des patentes, qui est un impôt de quotité, en un impôt de répartition. Le gouvernement n'a pas cru devoir adopter ce changement, et M. *Vitet*, dans son rapport, a très-bien établi que le nouveau système, avec tous les inconvénients du système actuel, n'en aurait pas les avantages. Il a surtout insisté sur la difficulté de trouver des bases équitables et sûres pour opérer la répartition.

(3) La loi du 2-17 mars 1791 ne divisait point la contribution des patentes en *droit fixe* et en *droit proportionnel*. La contribution se percevait uniquement d'après la valeur du loyer des maisons d'habitation, boutiques et ateliers occupés par les patentables.

Mais les lois de l'an 4 et de l'an 5, refondues et reproduites dans la loi du 1er brumaire an 7, divisèrent la patente en deux parties; l'une, sous le nom de *droit fixe*, était la même pour tous les individus exerçant la même profession dans la même commune; l'autre, sous le nom de droit proportionnel, variait en proportion de la valeur des locaux servant à l'exercice de chaque profession. La loi du 1er brumaire an 7 a distingué deux sortes de droit fixe: l'un qui est établi sans égard à la population du lieu où la profession est exercée, l'autre eu égard à cette population. Le premier, tout exceptionnel, ne s'applique qu'à quelques professions seulement; l'autre est général, et embrasse toutes les professions imposables. Ces professions étaient divisées en sept classes d'après leur importance relative; le droit fixe de chaque classe était subdivisé en sept degrés, à raison du chiffre de la population.

M. *le ministre des finances*, après avoir rappelé ces différentes dispositions, a indiqué ce que le projet introduit de changements.

« Les lois des 25 mars 1817 et 15 mai 1818, a-t-il dit, ont créé une troisième catégorie en taxant, eu égard à la population, mais d'après un tarif exceptionnel, certains patentables qui, en raison de l'importance ou de la nature de leur profession, ne devaient pas être maintenus dans le tarif général, tels que les négociants, les armateurs, les commissionnaires de marchandises en gros, etc.

« Cette classification n'avait pas été suivie dans la formation des tarifs annexés aux projets de loi présentés en 1834. Ainsi, le tableau des professions dites *hors classe* comprenait des professions qui devaient être tarifées, les unes eu égard à la population, et les autres sans égard à la population. Le tableau des établissements industriels ne renfermait qu'une partie des établissements à imposer sans égard à la population; et d'ailleurs, le titre de ces tableaux n'en faisait pas connaître suffisamment l'objet.

« Pour que la classification soit à la fois plus méthodique, plus claire et plus exacte, nous vous proposons de ranger les professions dans l'ordre ci-après:

« Tableau A. — Professions imposées eu égard à la population d'après un tarif général.

« Tableau B. — Professions imposées eu égard à la population, d'après un tarif exceptionnel.

Il est établi :

Eu égard à la population et d'après un tarif général, pour les industries et professions énumérées dans le tableau A ;

Eu égard à la population et d'après un tarif exceptionnel, pour les industries et professions portées dans le tableau B ;

Sans égard à la population pour celles qui font l'objet du tableau C.

4 (1). Les commerces (2), industries et professions non dénommés dans ces tableaux n'en sont pas moins assujettis à la patente. Le droit fixe auquel ils doivent être soumis est réglé, d'après l'analogie des opérations ou des objets de commerce, par un arrêté spécial (3) du préfet rendu sur la proposition

---

« Tableau C.—Professions imposées sans égard à la population.

« Le tarif général de l'an 7 contient sept classes, le nouveau tarif en contient huit, par suite de l'addition d'une classe de marchands en demi-gros qui tiendra le milieu entre les marchands en gros et les marchands en détail. Cette classe des demi-gros existe réellement dans le commerce, et, en l'établissant dans le nouveau tarif, nous avons satisfait à un vœu généralement exprimé.

« Pour chacune des classes établies par la loi de l'an 7, le tarif est divisé en sept degrés réglés d'après la population. Le dernier degré comprend toutes les communes de 5,000 âmes et au-dessous, en sorte que le patentable qui habite une commune de la plus faible population est soumis à un droit aussi élevé que ceux qui habitent des villes d'une population beaucoup plus considérable. La nouvelle loi remédie à cet état de chose en créant un huitième degré pour les communes d'une population inférieure à 2,000 habitants. »

(1) M. *Benoist* avait demandé que la discussion de l'art. 4 fût ajournée jusqu'après celle de l'art. 19 (aujourd'hui art. 20).

M. *Quinette* a dit à ce sujet : « Il y a trois objets dans l'article : 1° la déclaration que la patente est due par un commerce qui n'est pas compris dans une des classes ; 2° l'attribution faite au préfet du droit de classer cette patente, si la loi ne l'avait pas classée ; 3° le troisième point, et c'est ici que l'observation de M. Benoist me semble fondée, le troisième point comprend les formalités préalables du classement à faire. Or, M. Benoist demande que ces formalités préalables au classement soient les mêmes que celles qui accompagnent l'art. 19 (art. 20). »

Un membre a fait observer qu'elles seront forcément les mêmes, et M. Quinette a poursuivi :

« Elles seront forcément les mêmes, si vous le dites, si vous renvoyez simplement pour ces formalités préalables à l'art. 19 (art. 20) ; mais elles ne seront pas les mêmes si vous commencez par les désigner dans l'art. 4.... »

M. *le rapporteur* a répondu : « Elles seront nécessairement les mêmes. Le contrôleur, dans sa tournée de mutation, trouve un patentable non classé, c'est-à-dire exerçant une industrie non comprise dans les classes ; il le porte sur le rôle, et lui assigne provisoirement une classe, sauf au directeur à approuver ou à infirmer cette proposition. L'assimilation proposée ou approuvée par le directeur est envoyée avec le rôle au préfet, après que le maire y a consigné ses observations.

« Ainsi les choses se passent comme si le patentable était classé ; seulement il y a une garantie de plus, car le préfet ne se borne pas à donner son avis implicitement ; en arrêtant le rôle, il rend un arrêté spécial, après avoir pris connaissance de l'avis du maire. Ainsi toutes les conditions de l'art. 19 (art. 20), tel qu'il est ou tel que vous le ferez, sont nécessaires dans le cas d'assimilation, et il y a des conditions, des garanties additionnelles et spéciales. »

En s'attachant strictement à ces paroles, il faudrait que toutes les formes et tous les délais prescrits par l'art. 20 fussent observés pour l'assujettissement à la patente d'une nouvelle industrie ; cependant, l'art. 4 n'en fait pas une obligation. Quelle marche devra-t-on suivre ? Je pense que, par la force même des choses, l'art. 20 recevra son application. Il est, en effet évident que ce sera dans son recensement annuel que le contrôleur reconnaîtra l'existence d'une industrie imposable ; il la comprendra dans les matrices des patentes, et toutes les autres dispositions de l'article s'exécuteront.

(2) M. *de Panat* a demandé la suppression du mot *commerces* qui, suivant lui, est tout à fait inutile. « Le commerce est une profession, a-t-il ajouté, l'art. 1er du Code de commerce le dit d'une manière formelle, le commerce est compris dans cette indication de profession. Il serait beaucoup plus grammatical de supprimer les mots *les commerces* et de mettre seulement *les industries et professions.* »

M. *le rapporteur* a répondu : « En matière de législation, les questions grammaticales n'ont pas autant d'importance qu'en d'autres matières, et, ici, il faut surtout chercher la clarté. Le mot *commerces* choquerait moins si l'on mettait *les industries, commerces et professions* ; mais je crois qu'il est bon de maintenir ces trois mots, parce qu'ils expriment trois idées différentes. »

L'amendement de M. *de Panat* n'a pas été adopté.

(3) La rédaction proposée par la commission portait : « La décision du préfet est rendue par arrêté spécial, sur la proposition du directeur des contributions directes, et après avoir entendu les observations du maire. »

Un changement de rédaction a eu lieu sur une observation de M. *de Chasseloup-Laubat :*

« Je demanderai à la commission, a dit cet orateur, ce qu'elle a entendu par ces mots : « après « avoir entendu les observations du maire. » On dit ordinairement : « après avoir pris l'avis du maire. » Vous pourriez faire croire qu'il faut que le maire se transporte à la préfecture pour plaider l'intérêt du contribuable.

« Vous avez dit aussi : « La décision est rendue. » M. le rapporteur sait bien que le mot consacré est « arrêté, et non pas décision. »

« Je propose de rédiger ainsi l'article : « Par un arrêté spécial du préfet rendu sur l'avis du maire. »

M. *le rapporteur.* « Par les mots *arrêté spécial*, nous voulions que, pour la question d'assimilation, le préfet fût obligé de donner un avis, et qu'il ne se bornât pas à arrêter le rôle d'une manière générale. »

M. *de Chasseloup-Laubat* a fait remarquer que le contribuable n'en reste pas moins maître d'attaquer cette décision devant le conseil de préfecture.

du directeur des contributions directes, et après avoir pris l'avis du maire (1).

Tous les cinq ans, des tableaux additionnels contenant la nomenclature des commerces, industries et professions classés par voie d'assimilation, depuis trois années au moins, seront soumis à la sanction législative (2).

5. Pour les professions dont le droit fixe varie en raison de la population du lieu où elles sont exercées, les tarifs seront appliqués d'après la population qui aura été déterminée par la dernière ordonnance de dénombrement.

Néanmoins, lorsque ce dénombrement fera (3) passer une commune dans une catégorie supérieure à celle dont elle faisait précédemment partie, l'augmentation du droit fixe ne sera appliquée que pour moitié pendant les cinq premières années.

6. Dans les communes dont la population totale est de 5,000 âmes et au-dessus, les patentables exerçant dans la banlieue

---

Sa rédaction a été adoptée.

(1) Quelques membres ont prétendu que l'intervention du maire était insuffisante et ne présentait pas toutes les garanties désirables.

« Je voudrais, a dit M. *Beaumont* (de la Somme), je voudrais que, pour la ville de Paris entre autres, il fût établi un comité de défense pour les patentables. Ce comité serait très-facile à instituer. Vous avez les notables commerçants; eh bien, ils seraient chargés de désigner un comité qui pourrait donner son avis dans toutes les questions qui se résenteraient sur l'établissement des patentes. Par ce mode, vous satisferez à tous les besoins. Les intérêts du trésor n'en seraient pas froissés, et vous établirez, d'une manière définitive, la situation des commerçants, et vous éviterez par là une foule de réclamations. »

Cette proposition n'a pas été accueillie, sur l'observation faite par M. le rapporteur que l'autorité du maire était la meilleure, la plus paternelle, la plus protectrice.

M. *Peltereau-Villeneuve* a fait observer qu'il serait sage et convenable d'ajouter que la partie intéressée sera toujours entendue dans ses observations.

M. *le ministre des finances* a repoussé l'amendement : « Dans l'état des choses, a-t-il dit, la partie intéressée est toujours de fait entendue. Je prie la Chambre d'éviter l'inconvénient de surcharger la loi de dispositions trop nombreuses qui pourraient créer des difficultés.

« Je prends celle qui vous est proposée par M. Peltereau-Villeneuve. Faudra-t-il une notification? mais si l'industriel n'y répond pas, l'administration se trouvera paralysée.

« Eh bien! dans l'état actuel des choses, vous demandez l'avis du maire; vous arrivez devant le préfet, et les droits de tous sont assurés. »

M. *Deslongrais*. « Je crois que la proposition de M. Peltereau-Villeneuve est trop étendue, parce qu'il faudrait mettre le patentable qu'on voudrait assimiler en demeure de fournir ses observations; mais je crois qu'il serait utile de mettre le mot *pourra*, parce que ce qui se fait dans la pratique se trouverait par là régularisé. Vous satisfaites par là à tous les droits. »

M. *Peltereau-Villeneuve* a adhéré à la proposition de M. Deslongrais.

Mais M. *Victor Grandin* a fait remarquer que le mot *pourra* ne signifiera rien.

M. *Rivet* a combattu l'amendement : « Je demande à la Chambre, a-t-il dit, s'il est possible d'adopter un article qui consacrerait un droit qui a toujours existé. Comment serait-il possible qu'on introduisît dans une loi un article portant que les réclamations d'un contribuable pourront être reçues! Elles le seront toujours. »

La Chambre a rejeté la proposition.

Mais M. *Taillandier* a ajouté : « Il va sans dire que le rejet de l'amendement de MM. Peltereau-Villeneuve et Grandin n'empêche pas la partie de se pourvoir auprès du préfet. »

De toutes parts on a répondu : « Non! non, c'est juste! »

Et M. *le président* a déclaré que la Chambre n'avait voulu porter aucune atteinte à la pratique actuelle.

(2) Ce dernier alinéa a été introduit sur la proposition de M. *de Bussière*.

« Le but de mon amendement, a-t-il dit, est d'assurer les mêmes garanties à tous les patentables, à ceux dont la patente sera réglée par assimilation comme à ceux dont la désignation est inscrite dans les tableaux annexés à la loi qui est en discussion. Ceux qui devront être compris dans les cas d'assimilation seront d'abord, et provisoirement, classés conformément à l'article qui vient d'être voté. Je demande seulement qu'il soit dressé des tableaux additionnels aux tableaux que vous avez votés, pour régler définitivement par la loi ce qui l'aurait été provisoirement par arrêté du préfet. »

Cet amendement, après avoir été modifié dans sa rédaction, a obtenu l'approbation de la commission.

« Nous avons reconnu, a dit M. *le rapporteur*, que, dans l'intérêt de l'administration elle-même, il était bon d'établir une règle fixe à cet égard, seulement nous ne voulons pas qu'une loi relative au classement par voie d'assimilation soit nécessairement présentée chaque année.

« Nous pensons qu'il faut établir des intervalles plus longs, et que, par exemple, la période quinquennale serait certainement suffisante. Nous demandons, en outre, que ce ne soient pas les assimilations faites à une époque récente qui soient soumises au pouvoir législatif, mais qu'il se soit écoulé assez de temps pour que la justesse de ces assimilations ait pu être jugée, et que, si elles ont été faites d'une manière inexacte, elles aient pu être corrigées.

« En conséquence, nous vous proposons de déclarer que, tous les cinq ans, les assimilations faites depuis au moins trois années, seront soumises à la sanction législative. »

(3) M. *Lescot de la Millanderie* avait proposé de remplacer le mot *fera* par les mots *aura fait*. Il voulait par là qu'on appliquât la modération résultant de cette disposition aux communes dont le dernier dénombrement a élevé le chiffre de population.

Cet amendement n'a pas été appuyé. M. *le ministre des finances* l'a repoussé en disant : « Ce que

des professions imposées eu égard à la population paieront le droit fixe d'après le tarif applicable à la population non agglomérée (1).

Les patentables exerçant lesdites professions dans la partie agglomérée paieront le droit fixe d'après le tarif applicable à la population totale (2).

---

demande l'honorable M. Lescot de la Millanderie arrive trop tard. Il y a deux ans que le recensement est fait et que les rôles sont dressés, aux termes des lois existantes, d'après ce recensement. . . . . Il faudrait donc revenir sur ce qu'on a fait, ce qui ne serait pas juste. »

Il est évident que la faveur est applicable aussi bien aux professions indiquées dans le tableau A qu'à celles que comprend le tableau B. La loi ne distingue pas, et il y a même raison de décider pour les unes et pour les autres.

(1) M. *le garde des sceaux* a présenté à l'appui de cette disposition les considérations suivantes :

« Les termes généraux dans lesquels était rédigée la loi de l'an 7 conduisaient à des conséquences qui avaient souvent donné lieu à des réclamations. Ces réclamations s'appliquaient à ceci. On disait : La population totale des villes peut bien être la mesure de l'importance des affaires, et, par conséquent, des bénéfices réalisés par les commerçants qui résident dans la ville même ; mais il y a dans un très-grand nombre de communes en France, indépendamment des populations agglomérées, une population rurale qui est annexée à différentes communes par l'administration civile ; il est évident que les industriels de la classe qui fait le moins de bénéfice, qui exercent leurs professions dans ces hameaux, dans ces banlieues plus ou moins éloignées du centre des affaires ne réalisent pas des bénéfices correspondant à ceux qui sont obtenus dans le centre même de la population.

« Quoique cette observation ne fût pas complétement exacte, et que, par exemple, on pût en contester le fondement, en ce qui concerne les industries de détail loin des limites de l'octroi, qui s'appliquent à la vente des objets soumis à l'octroi, et qui peuvent être consommés sur place, cependant le gouvernement n'a pas hésité à reconnaître que pour la presque généralité des industries qui étaient soumises à l'impôt de la patente, il y avait justice à ne pas reconnaître comme mesure de leurs bénéfices la population totale, et qu'il fallait réduire cette mesure à la population même du cercle sur lequel s'étendait leur clientèle.

« Le gouvernement a donc pris l'initiative d'une réduction, d'une diminution de droit assez considérable. Il a proposé un article ainsi conçu :
« Dans les villes et communes de 5,000 âmes et
« au-dessus, les patentables, domiciliés en dehors
« des limites de l'octroi et exerçant des professions
« imposées eu égard à la population, paieront le
« droit fixe d'après le tableau applicable d'après
« la population non agglomérée.

« Les patentables domiciliés dans les limites in-
« térieures de l'octroi paieront le droit fixe d'après
« le droit fixe applicable à la population totale. »

Ces mots : « les limites de l'octroi » ont été supprimés par la commission de la Chambre des Députés.

« Nous avons changé, a dit M. *le rapporteur*, la rédaction de l'article, parce que les mots : « les limites de l'octroi » exprimaient mal la pensée du projet, ainsi que le gouvernement l'a reconnu lui-même. Il existe des villes qui n'ont pas d'octroi, comment leur appliquerait-on l'article ? Il en est d'autres dont l'octroi embrasse tout le territoire, comment auraient-elles profité du bénéfice de la nouvelle disposition ?

« Nous vous proposons sur ce point, d'accord avec M. le ministre des finances, une rédaction qui nous semble faire disparaître toute difficulté et toute équivoque. »

(2) La commission avait proposé la rédaction suivante : « Les patentables exerçant lesdites professions dans la partie agglomérée paieront le droit fixe d'après le tarif applicable à la partie agglomérée seulement. »

C'était, comme on le voit, séparer complétement de la population des villes celle de leurs banlieues, pour régler le tarif des patentes dans ces deux parties, suivant leurs populations respectives.

« Vous voyez, a dit M. *le ministre des finances*, que le paragraphe du gouvernement diffère de celui de la commission, en ce que le gouvernement demande que le patentable situé dans la partie agglomérée paie le droit fixe sur la population totale, et que la commission demande qu'il le paie sur la population agglomérée seulement.

« Quel que fût notre désir de nous mettre d'accord avec la commission, nous n'avons pas pensé que, dans cette circonstance, il fût juste de consentir à un sacrifice de plus de 350,000 fr. qui résulterait de l'adoption du paragraphe de la commission....

« Dans la plupart des cas, la banlieue, le territoire rural se compose de hameaux détachés, d'habitations rurales disséminées, qui, dans un rayon plus ou moins considérable, ont été rattachées à une commune principale.

« Je dis que, dans ces cas, il est évident que c'est au centre de la commune que les habitants de ces hameaux viennent faire leurs opérations de commerce. Peu importe pour les marchands établis dans l'intérieur de la commune que les maisons soient contiguës ou séparées, ils n'en sont pas moins assurés de la clientèle des habitants de ces hameaux dispersés.

« Dans les cas les plus ordinaires, il n'existe pas de marchands dans ces hameaux dispersés, les habitants de ces hameaux sont obligés de s'approvisionner au centre de la population ; et, dans ce cas, que la population soit répandue dans un rayon plus ou moins étendu, le principe de la loi de l'an 7 ne doit pas moins trouver son application. »

« L'impôt sur la patente doit donc être le même pour la commune qui a 15,000 habitants de population dispersés dans un rayon de deux ou trois kilomètres que pour la commune dont la population est agglomérée. Les habitants, dans ces deux cas, sont dans la même situation. Il n'y a pas de motifs pour les traiter différemment, et c'est par cette considération que le gouvernement persiste à demander le maintien du paragraphe 2 de l'article, qui serait substitué au paragraphe 2 proposé par la commission. »

M. *le rapporteur* a insisté, de son côté, pour le maintien de la rédaction de la commission ; mais le système du gouvernement a prévalu.

La commission avait proposé un troisième paragraphe ainsi conçu :

« Dans aucun cas, les patentables de la banlieue ne paieront un droit plus élevé que ceux de la partie agglomérée. »

7 (1). Le patentable qui exerce plusieurs commerces, industries ou professions, même dans plusieurs communes différentes, ne peut être soumis qu'à un seul droit fixe (2).

Ce droit est toujours le plus élevé de ceux qu'il aurait à payer s'il était assujetti à autant de droits fixes qu'il exerce de professions.

8. Le droit proportionnel est fixé au vingtième (3) de la valeur locative pour toutes les professions imposables, sauf les

---

Cette disposition a été écartée comme inutile, et comme réglant un cas qui ne peut jamais se présenter. En effet, puisque les patentables de la partie agglomérée paient un droit calculé sur la population totale, il est bien impossible que les patentables de la partie non agglomérée, qui ne paient que le droit fixé à raison de la population de cette partie, nécessairement moindre que la population de toute la commune, soient plus imposés que les patentables de la partie agglomérée.

(1) « On prétend, a dit M. *Vitet* dans son rapport à la Chambre des Députés, que cet article constitue un privilége exorbitant au profit de quelques négociants de la capitale et de nos grandes villes, qui entassent dans des magasins immenses, dans de véritables bazars, les marchandises les plus diverses, et exercent ainsi, au moyen d'une seule patente, jusqu'à dix ou douze industries. Il est possible qu'il fût plus régulier, ou du moins plus conforme aux principes d'égalité et de justice distributive, de ne pas faire du droit fixe de patente ou taxe purement personnelle, une sorte de droit de licence, ainsi que l'a voulu la loi de l'an 7; il est possible qu'il fût strictement juste de faire payer autant de droits fixes qu'il y a d'industries exercées; mais on oublie que si cette règle rigoureuse venait à être appliquée, elle n'atteindrait pas seulement les gros marchands qui causent tant d'ombrage au commerce de détail de la capitale, et que plus des deux tiers des patentables de nos campagnes et même de beaucoup de nos villes en seraient pour ainsi dire frappés de mort. S'il fallait leur demander un droit fixe pour l'épicerie, un pour la mercerie, un pour la quincaillerie, un pour chaque branche de leur petit négoce, combien d'entre eux résisteraient à cette aggravation d'impôt! Tout ce qu'on peut faire, c'est d'exiger, ainsi que le veut la loi, que ces patentables à profession multiple soient taxés pour celle de leurs industries qui donne lieu au plus fort droit. »

Ces paroles de M. le rapporteur justifient la disposition; mais il a en outre pris soin d'en expliquer toute la portée.

« Cet article, a-t-il dit, ne contient dans le projet de loi que ces deux dispositions : un seul droit fixe, même pour plusieurs professions, le droit établi sur la profession soumise à la taxe la plus élevée. Nous en avons ajouté une troisième, savoir : si le même patentable exerce plusieurs professions dans plusieurs communes différentes, il paiera le droit fixe dans la commune dont la population donne lieu au droit le plus élevé. »

Bien que le sens de ce paragraphe soit très-clair, il n'est pas inutile d'en déterminer la portée. Celui qui possède une usine située dans un département et qui, tout en la dirigeant lui-même, est domicilié à Paris, doit-il payer le droit fixe à Paris? Non, à moins que tout ou partie de son domicile ne soit affecté à l'exercice de son industrie. Que si, au contraire, il habite la campagne, tandis que sa maison de commerce est à Paris, c'est à Paris qu'il doit payer le droit fixe. Enfin, s'il a deux maisons de commerce, l'une à Orléans, l'autre à Bordeaux, c'est d'après le tarif applicable à la population la plus élevée qu'il devra être imposé.

(2) Le père qui exerce deux industries, et qui a été imposé à la patente de l'une d'elles, ne peut être imposé à la seconde en la personne de son fils mineur, qu'il a préposé avec simple rétribution à cette seconde industrie; il y a seulement lieu à imposer le père à la patente la plus forte. (Ord. 30 juin 1839, Mac., 1839, p. 357; Dalloz, 40. 3. 46.)

(3) M. *Deslongrais* a proposé de remplacer la disposition de l'art. 8 par un article ainsi conçu :

« Le droit proportionnel est fixé d'après la valeur locative, conformément au tableau suivant :

COMMUNES DE	
2,000 et au-dessous.	Le 20e.
2,000 à 5,000.	Le 19e.
5,000 à 10,000.	Le 18e.
10,000 à 20,000.	Le 17e.
20,000 à 30,000.	Le 16e.
30,000 à 50,000.	Le 15e.
50,000 à 100,000.	Le 14e.
100,000 âmes et au-dessus.	Le 12e.

pour toutes les professions imposables, sauf les exceptions énumérées au tableau D annexé à la présente loi. »

M. *Deslongrais* a donné de longs développements à l'appui de sa proposition; il les a lui-même résumés en ces termes :

« Le système du projet repose sur une fausse base, si elle est prise isolément; ce sont les valeurs locatives qui ne donnent que la mesure du revenu de la propriété, et non des bénéfices obtenus par le commerçant. Il faut y joindre, comme correctif, l'élément de la population et établir des catégories semblables à celles qui servent de base au droit fixe. Par là on évitera une perte de plus de quatre millions par an pour le trésor; par là on fera une plus juste répartition de l'impôt entre les contribuables. »

M. *le rapporteur* a combattu la proposition.

« Le droit proportionnel, a-t-il dit, est gradué par la nature même des choses; il n'a pas besoin qu'on

exceptions énumérées au tableau D annexé à la présente loi.

9. Le droit proportionnel est établi sur la valeur locative, tant de la maison d'habitation (1) que des magasins, boutiques, usines, ateliers, hangars, remises, chantiers et autres locaux servant à l'exercice des professions imposables (2).

Il est dû, lors même que le logement et les locaux occupés sont concédés à titre gratuit.

La valeur locative est déterminée, soit au moyen de baux authentiques, soit par comparaison avec d'autres locaux dont le loyer aura été régulièrement constaté, ou sera notoirement connu, et, à défaut de ces bases, par voie d'appréciation (3).

Le droit proportionnel pour les usines

---

le diversifie par des combinaisons factices ; je m'explique : pour établir un commencement de proportionnalité entre les industries, la loi les distingue au moyen de droits fixes. Ces droits fixes ne reposent que sur la différence des industries entre elles, considérées d'une manière abstraite ; mais, comme la même industrie n'a pas la même importance quand elle est exercée dans une grande ou dans une petite commune, la loi, après avoir fait un classement par nature d'industrie, subdivise ce classement par degrés de population. Ce sont là des combinaisons inventées pour établir un commencement de proportionnalité entre les industries, mais ces divisions ne suffisent pas ; elles ne sont pas assez flexibles, assez variées pour reproduire la variété infinie des situations commerciales et industrielles. C'est pour suppléer à ce qui leur manque qu'on appelle à son secours le droit proportionnel : or, le droit proportionnel n'a pas besoin qu'on le gradue, il est tout gradué, tout diversifié par les valeurs locatives sur lesquelles il repose....... Et la valeur locative étant différente selon les lieux, n'étant pas la même pour les locaux de mêmes dimensions, de même nature, de même importance, selon que ces locaux sont situés dans un village ou dans une grande ville, il en résulte, en appliquant le même taux, la même quotité de droit à ces deux sortes de locaux, une proportionnalité naturelle et nécessaire. »

L'amendement de M. Deslongrais a été rejeté après une discussion assez vive. M. Béhaguel avait, de son côté, proposé de taxer la ville de Paris d'une manière exceptionnelle ; en raison de sa grande population, il avait demandé que le droit proportionnel y fût porté au douzième ; mais cette proposition n'a pas été appuyée.

(1) M. *Taillandier* a proposé d'exempter la maison d'habitation du droit proportionnel, et d'introduire dans l'art. 9 un paragraphe ainsi conçu :

« La maison ou l'appartement ou la partie du local servant à l'habitation du patenté, et déjà frappés de la contribution mobilière, sont exempts du droit proportionnel.

« Qu'a voulu le droit de patente ? a-t-il dit, atteindre le revenu du négociant, en tant que négociant, les produits de son travail, mais nullement sa fortune personnelle.

« Ainsi, un négociant peut jouir d'une fortune patrimoniale plus ou moins importante ; il prend alors un riche appartement pour satisfaire à son goût pour le luxe et tout à fait en dehors des exigences du commerce. Est-il juste alors de le frapper sous ce rapport ? Je ne le pense pas. Je crois donc qu'un appartement plus ou moins vaste, plus ou moins somptueux peut être pris par le commerçant pour ses convenances personnelles, sans que le fisc ait rien à y voir.

« La maison d'habitation est déjà frappée de l'impôt mobilier. Y a-t-il de la justice à l'atteindre encore par le droit proportionnel ? Des considérations de légalité et d'équité s'opposent donc aux prétentions du fisc. »

L'amendement de M. Taillandier n'a pas été adopté ; M. Vitet l'avait longuement réfuté d'avance dans son rapport.

(2) Le conseil d'Etat a jugé sous l'ancienne législation que la valeur locative servant de base au droit proportionnel doit comprendre les magasins qui se trouvent loués par le négociant à l'époque où il est imposé à la patente, alors même que ces magasins ne seraient loués qu'au mois. (Ord. du 6 février 1839, Mac., 1839, p. 106 ; Dalloz, 40. 3. 16.)

Je crois que cette jurisprudence doit être maintenue ; mais il faut remarquer que l'ordonnance précitée a été rendue dans une espèce où les magasins loués au mois étaient cependant occupés depuis plusieurs années par le négociant. Si, au contraire, il est établi que c'est tout à fait accidentellement et pour un dépôt temporaire et extraordinaire de marchandises qu'un magasin a été loué, qu'il a été loué à court terme avec l'intention de ne pas l'occuper après l'expiration du terme, je crois que l'impôt ne pourrait être calculé sur la valeur locative de ce magasin. En principe, la patente n'est due que sur la valeur des locaux effectivement employés à l'exercice du commerce ou de l'industrie du patentable ; une location accidentelle ne peut être considérée comme un élément influent sur la perception de l'impôt.

La valeur locative n'est pas seulement celle des lieux tels qu'ils ont été loués, mais encore celle qui résulte des travaux exécutés par le locataire. (Ord. du 3 septembre 1836, Mac., 1836, p. 430 ; Dalloz, 37. 3. 108.)

(3) Ce paragraphe n'est que la reproduction du paragraphe 2 de l'art. 5 du projet du gouvernement. La commission de la Chambre des Députés y avait substitué la rédaction suivante :

« La valeur locative est déterminée au moyen de baux authentiques, ou, s'il n'en existe pas, par comparaison avec d'autres locaux, dont le loyer aura été régulièrement constaté, ou sera notoirement connu, et, à défaut de ces bases, par voie d'appréciation. »

La Chambre des Députés est revenue à la rédaction du gouvernement sur la proposition de M. *de la Plesse*, qui a fait les observations suivantes :

« La Chambre remarquera, a-t-il dit, que la commission prend pour base de la valeur locative les baux authentiques d'abord, et, subsidiairement, la comparaison avec le loyer des habitations voisines. Le gouvernement, au contraire, admet le concours des deux modes. Il a dit : la valeur locative est déterminée *soit* au moyen des baux authentiques, *soit* par comparaison, etc.....

« Vous voyez qu'il y a deux systèmes en présence : dans le système du gouvernement on prend concurremment différents modes d'apprécier, afin d'arriver à la vérité. La commission, au contraire,

et les établissements industriels (1) est calculé sur la valeur locative de ces éta-

admet la comparaison avec les autres locaux, mais seulement comme moyen subsidiaire.

« Eh bien ! voici l'inconvénient qui en résultera. Dans plusieurs localités, il est extrêmement rare de faire des baux authentiques et même des baux sous-seings privés qui soient soumis à l'enregistrement. Ordinairement les baux se font verbalement, et la forme de l'authenticité n'a lieu que par exception et lorsque le propriétaire, ayant obtenu un prix de location extraordinaire, a intérêt à s'assurer de l'exécution de la convention...

« Eh bien ! voudriez-vous que ces baux exceptionnels pussent être opposés sans moyen de contrôle au commerçant qui habite sa maison ? qu'ils pussent être pris pour base exclusive des valeurs locatives dans les villes où ils auront existé? Non, Messieurs, il n'y aurait ni justice ni raison.

« Laissons donc à l'autorité chargée de faire les évaluations, quelles qu'elles soient, la faculté de s'entourer de tous les documents propres à éclairer sa religion et à trouver les moyens les plus propres, suivant telle ou telle localité, à déterminer la véritable valeur locative. Nous serons tous d'accord sur ce point, je le crois; et, comme la rédaction première du gouvernement me semble avoir cet avantage sur celle de la commission, je demande la priorité pour la rédaction du gouvernement. »

M. *le rapporteur* a donné son adhésion à la proposition de M. de la Plesse.

« La commission ne s'oppose pas, a-t-il dit, à ce que l'on revienne à la rédaction du gouvernement; elle avait cru donner une garantie de plus au patentable ; mais, du moment qu'on la conteste, elle n'a aucune raison d'insister.

« . . . . . L'intention de la commission n'avait pas été de prendre pour base unique les baux authentiques ; nous avons voulu seulement dire que, lorsqu'il y avait bail authentique, il était bon de le consulter, sauf si, dans ce bail, il y avait des conditions exceptionnelles, à en tenir compte et à en faire la ventilation. Mais nous n'avons jamais prétendu qu'il fallût prendre uniquement pour base le bail authentique. Puisque la rédaction de la commission peut donner lieu à quelque équivoque, la commission pense qu'il est préférable de revenir à la rédaction du gouvernement. »

Ces explications ne laissent aucun doute sur le sens de ce paragraphe. L'administration ne sera pas liée par les énonciations des baux authentiques; même en présence de baux de cette espèce, elle pourra rechercher des éléments d'appréciation dans la comparaison avec les loyers d'autres locaux.

Le droit proportionnel doit être établi d'après *la valeur locative réelle* des bâtiments affectés à l'industrie, et non d'après *le revenu imposable* porté au rôle de la contribution foncière et mobilière, lequel, aux termes des art. 82 et 87 de la loi du 3 frimaire an 7, est réduit d'un quart pour les maisons d'habitation et d'un tiers pour les fabriques. (Ordonn. du 18 décembre 1839, Mac., 1839, p. 573; Dalloz, 40. 3. 68; — ord. du 30 juillet 1840, Mac., 1840, p. 269; Dalloz, 41. 3. 87; — ord. du 16 mars 1837, Mac., 1837, p. 84; Dalloz, 37. 3. 131.)

(1) Cette disposition est dans toute la loi celle qui a fait naître le plus de difficultés. Cinq systèmes ont été successivement présentés. Deux fois la discussion a été ajournée, et le projet renvoyé à l'examen de la commission, et ce n'est qu'à la troisième reprise que la Chambre a statué.

Le projet du gouvernement gardait le silence sur ce point, et c'est la commission de la Chambre des Députés qui a soulevé la question.

Le système qu'elle a proposé faisait porter l'estimation des usines et des établissements industriels sur toutes les machines, métiers, ustensiles et autres moyens de fabrication, sans toutefois qu'il fût attribué aucune valeur à la force motrice provenant soit d'un cours d'eau, soit d'une machine à vapeur, soit de tout autre moteur animé ou inanimé.

La commission imposait ainsi les bâtiments et l'outillage en exemptant la force motrice.

Un second système, présenté par M. *Victor Grandin*, exemptait l'outillage et la force motrice, et ne frappait que les bâtiments.

Une troisième opinion a été émise par M. *Ardant*, et le gouvernement s'y est d'abord rallié; elle consistait à imposer la cage des bâtiments, la force motrice, et à exempter toute espèce d'outillage.

Un quatrième système a été proposé par M. *Lestiboudois*. Cet orateur a trouvé que l'évaluation du mobilier industriel ne pouvait servir de base à la patente, et, suivant lui, il fallait exclure tout droit proportionnel sur la cage, sur la maison d'habitation, et, à plus forte raison, sur l'outillage et la force motrice, pour s'en tenir à un seul droit fixe, dans lequel on ferait entrer tous les éléments d'appréciation convenables.

M. *Rivet* a présenté une cinquième combinaison. Elle se rapprochait le plus du système de la commission. Elle n'excluait pas d'une manière absolue l'estimation de l'outillage et du moteur; elle admettait l'estimation de l'outillage dans les cas où il n'y avait pas de moteur, et l'estimation du moteur dans les autres cas.

Enfin un sixième système, présenté par M. *de Chasseloup-Laubat*, comprenait jusqu'à un certain point et la cage, et l'outillage, et la force motrice. Il était ainsi formulé :

« Le droit proportionnel pour les usines et les établissements industriels se calcule sur la valeur locative de ces établissements munis de tous leurs moyens de fabrication. »

Chacun de ces systèmes a été longuement développé, appuyé, combattu. Enfin, l'amendement de M. *de Chasseloup-Laubat* a paru réunir le plus de partisans, et M. *le ministre des finances* a déclaré que, dans son opinion, ce système était le plus complet, et par conséquent le plus juste, celui qui, en théorie, lui semblait préférable, mais qu'il n'était pas en mesure de trancher la question de savoir si son application était possible.

En conséquence, M. le ministre a demandé le renvoi à la commission. Le renvoi a été ordonné, et, après un long travail, la commission a déclaré se réunir au système qu'elle venait d'examiner.

« Que cherchons-nous? a dit M. *le rapporteur*. Je crois que nous sommes tous d'accord sur un point : nous cherchons le mode le plus équitable d'asseoir le droit proportionnel sur les établissements industriels ; nous cherchons quelle est la valeur locative de ces établissements.

« Or, ce signe, évidemment, c'est la puissance de production. La location sera plus ou moins élevée selon que l'établissement sera en état de produire plus ou moins. D'où il suit, que le véritable signe de la valeur locative, c'est, je le répète, la force de production.

« Maintenant, où faut-il chercher ce signe? Est-ce dans les bâtiments? Nous sommes tous, je crois, encore à peu près d'accord sur ce point; ce ne peut pas être seulement dans les bâtiments.

« Un bâtiment de très-petite dimension, et, par conséquent, d'une faible valeur, peut contenir une très-grande puissance de production, si les agents de cette production sont très-délicats, très-déliés, et surtout très-rapides; vous pouvez, par des procédés perfectionnés, produire beaucoup dans un petit espace, dans des constructions d'une faible valeur locative.

« D'un autre côté, dans un bâtiment très-étendu et qui, par conséquent, représente une très-grande valeur matérielle, vous trouvez souvent un outillage grossier, des machines d'un système arriéré, qui ne possèdent qu'une faible puissance productive.

« Ainsi, voilà un point hors de discussion; un fait incontestable, c'est qu'il ne faut pas chercher dans les bâtiments seuls le signe de la puissance productive des établissements industriels, et, par conséquent, la base de la valeur locative.

« Cependant, dans tous les cas, les locaux et les bâtiments doivent être appréciés; vous l'avez ainsi décidé par les trois premiers paragraphes de l'art. 9. Mais à eux seuls ils ne peuvent nous donner des indices suffisants de la valeur locative que vous cherchez; il vous faut donc nécessairement vous adresser à un autre signe.

« Ce signe, vous ne pouvez le trouver que dans les agents mêmes de la production.... »

M. *le rapporteur* s'est ensuite attaché à démontrer que des deux forces de prodution, le moteur et l'outillage, on ne pouvait imposer l'une sans imposer l'autre. En effet, un grand nombre d'établissements n'ont pas de moteurs; dans quelques-uns il n'est qu'un accessoire; et, dans d'autres, il joue le rôle principal; le moyen le plus sûr d'arriver à l'équité et à la vérité, c'est donc d'imposer à la fois tous les moyens de production.

Une objection pratique avait été présentée. On s'était demandé si le système de M. Chasseloup était applicable. Voici comment M. *le rapporteur* a répondu à cette objection :

« Eh bien, c'est sur ce point, surtout depuis que la Chambre a ordonné le renvoi de l'amendement, que la commission a dû porter ses investigations. Elle a interrogé dans de nombreuses conférences toutes les personnes qui pouvaient lui donner des lumières; elle s'est adressée soit aux agents des contributions directes, qui ont le plus d'expérience sur les questions d'impôt, soit à des membres du comité consultatif institué près le ministère du commerce, lesquels connaissent dans leurs moindres détails toutes les questions relatives à l'industrie et aux manufactures; elle leur a demandé si le système de l'honorable M. Chasseloup-Laubat, si l'appréciation de chaque usine dans son ensemble, telle qu'elle se comporte, était une opération qui dût présenter de grandes difficultés. Ils ont répondu que dans les grands centres d'industrie rien ne serait plus facile, et que, même pour les établissements isolés, il y aurait toujours moyen d'arriver à une appréciation équitable.

« Quel que soit le système qu'on adopte, il y aura toujours des difficultés d'application. Toute la question est de savoir quel est le système qui en présente le moins. Or, voici le motif qui a fait penser aux hommes pratiques que c'est encore le système adopté par la commission qui sera le plus facilement applicable, c'est que dans ce système les éléments du droit sont très-multipliés, et la quotité du droit très-faible. Avec un petit nombre d'éléments et un droit élevé, si vous commettez une erreur, le résultat est très-grave, et le contribuable qui en comprend la portée réclame avec ardeur contre vos évaluations. Au contraire, si la base de la matière imposable est très-large, les erreurs que vous pouvez commettre sont imperceptibles, elles se contrôleront les unes par les autres, et en définitive, vous arrivez aussi près que possible à la vérité. Voilà ce que nous ont déclaré les membres du comité consultatif; voilà ce qui a été également compris par les agents des contributions directes. »

M. *Chasseloup-Laubat* a au surplus indiqué lui-même les bases et le but de sa proposition. « En présentant à la Chambre l'amendement qui est en délibération, je me suis proposé, a-t-il dit, deux choses :

« La première, de diminuer un peu l'impôt qui pèse aujourd'hui sur l'industrie proprement dite.

« La seconde, d'établir cet impôt sur des bases égales pour tous, et de manière à n'atteindre les divers établissements industriels que proportionnellement à la puissance productive.

« Le premier résultat que j'ai cherché à obtenir est incontestable, soit qu'on adopte la classification présentée par la commission, soit qu'on prenne celle que j'ai eu l'honneur de soumettre à la Chambre.

« Quant au second, au principal objet de mon amendement, celui d'établir l'impôt sur des bases égales pour toutes les industries, je n'ai pas la prétention d'avoir atteint entièrement ce but.

« Je déclare donc que si on veut me reprocher de ne pas avoir fait disparaître toute inégalité, de ne pas être arrivé à offrir les éléments d'une appréciation parfaitement exacte des valeurs locatives, je n'entends plus discuter. Ainsi que le faisait remarquer l'honorable rapporteur de la commission, il est impossible, dans un impôt de quotité, dans l'établissement d'un droit proportionnel qui frappe toutes les industries, d'arriver à une précision mathématique : toutefois j'espère être arrivé aussi près que possible du but.

« Mais, avant d'entrer dans les explications du système que j'ai présenté, que la Chambre me permette de lui rappeler l'état actuel de la législation; car on oublie trop qu'aux termes de la loi de l'an 7, le droit proportionnel est du dixième de la valeur locative des usines, et que, dans l'application de cette loi, on a commis de singulières injustices, que nous cherchons à réparer ou à prévenir.

« En effet, tandis que, pour certaines industries, il était facile d'atteindre la matière imposable, pour d'autres, au contraire, une partie même de ce qui devait supporter l'impôt échappait à l'appréciation, ou du moins n'entrait pas dans les évaluations.

« Ainsi, lorsqu'en exécution de la loi de l'an 7, on a voulu établir le droit proportionnel sur les usines, on a commencé par estimer ces établissements, plutôt comme s'il s'était agi de leur faire supporter l'impôt foncier que de les soumettre à l'impôt des patentes. Mais lorsque, plus tard, l'industrie eut pris un nouvel essor, lorsque les lois de 1817 et de 1818 eurent changé certaines classifications, on comprit que l'impôt avait été fort mal établi, fort mal perçu; on comprit que la loi n'ablissements, pris dans leur ensemble et munis de tous leurs moyens matériels (1)

vait pas été appliquée telle qu'elle avait été conçue; et, comme toujours, on se jeta dans un extrême opposé. On n'avait pas imposé tout ce qui devait l'être; on voulut imposer ce qui n'était pas imposable.

« Voici ce qui se passa :

« D'un côté, les agents de l'administration des finances imaginèrent que l'impôt devait être calculé *sur les produits* des usines; ils cherchèrent à apprécier ces produits et à établir le droit proportionnel d'après cette appréciation. D'un autre côté, les industriels prétendirent qu'on ne devait prendre pour base du droit proportionnel que la valeur de l'usine, abstraction faite de tout moteur, de toute machine, et enfin, pour me servir d'une expression consacrée dans cette discussion, que sur la *cage* même de l'établissement.

« C'est dans ces termes que la contestation se présenta au conseil d'Etat, et le conseil ne voulut adopter ni l'un ni l'autre de ces systèmes.

« Le conseil d'Etat fit rentrer, selon moi, dans la juste interprétation de la loi et les agents de l'administration et les patentables.

« Voici en quels termes il prononça dans une affaire fort importante, et qui fixa la jurisprudence :

« Considérant que la valeur locative des établis-
« sements industriels doit être établie, non sur les
« produits qui résultent de l'exploitation, mais
« d'après l'état matériel de ces établissements,
« considérés comme usines, tels qu'ils se compor-
« tent au moment où il s'agit de les imposer. »

« Vous voyez que, d'après cette jurisprudence, on arrivait à imposer au dixième de la valeur locative les usines qui présentaient dans leur ensemble toutes leurs machines comme des immeubles par destination, telles que les forges, les moulins et autres établissements qui demandent une grande puissance. »

. . . .

« La force motrice et le mobilier industriel pris séparément m'ont paru conduire, pour l'établissement de l'impôt, à des résultats incomplets et faux. J'ai donc cru qu'il fallait se servir des règles que la jurisprudence du conseil d'Etat avait tracées d'avance, mais qu'en même temps il était indispensable d'établir des bases égales pour tous et d'abaisser le droit proportionnel :

« Pour bien faire comprendre ma pensée, que la Chambre me permette d'appeler un instant son attention sur l'objet du problème que nous cherchons à résoudre.

« Il s'agit du droit proportionnel; mais proportionnel à quoi? est-ce aux capitaux engagés dans l'établissement? Non, Messieurs, ces capitaux nous ne les connaissons pas; ils ont pu être employés avec plus ou moins d'intelligence. Nous ne pouvons les examiner avec quelque exactitude.

« Est-ce proportionnel aux produits réels? Pas plus. Les produits de l'industrie varient de jour en jour : pour les saisir, il faudrait se livrer à une inquisition intolérable, demander au fabricant ses comptes, ses secrets; cela n'est pas possible; cela ne serait admis par personne.

« A quoi l'impôt peut-il donc être proportionné? Je n'hésite pas à répondre : à la puissance productive de chaque usine!

« Voilà, Messieurs, la seule base saine et juste!

« Mais quel est le signe extérieur, le signe apparent de la puissance productive d'une usine? car l'impôt, il ne faut pas l'oublier, ne peut être établi que sur un signe évident, facile à reconnaître pour tous.

« Eh bien, ce signe de la puissance productive de l'usine, c'est la réunion de tous les éléments qui la composent, c'est tout à la fois la cage qui renferme l'outillage, l'outillage qui sert à la fabrication, et la force motrice qui donne l'impulsion et la vie. En un seul mot, c'est l'ensemble de l'usine tel qu'elle se comporte. C'est cet ensemble que doit avoir en vue le législateur lorsqu'il établit un droit proportionnel. J'ai voulu confondre ces trois éléments, qui, pris séparément, ne donnent que des résultats essentiellement faux, mais qui, réunis, permettent d'atteindre le but que vous vous proposez, c'est-à-dire de proportionner l'impôt à la véritable force productive des établissements. »

La Chambre a accueilli ces paroles par des témoignages d'assentiment.

Quelques objections qu'il est inutile de rappeler ont encore été présentées, et l'amendement de M. Chasseloup a été adopté avec quelques légers changements de rédaction qui font l'objet de la note suivante.

(1) Le mot *matériels* ne se trouvait pas dans la rédaction présentée par M. de Chasseloup-Laubat et par la commission. Son introduction dans l'article a été proposée par M. *Lestiboudois*. Cet honorable membre avait demandé que les mots *munis de tous leurs moyens de production* fussent remplacés par ceux-ci : *munis de leur matériel de production*.

« J'ai remarqué, a-t-il dit, dans la rédaction de la commission des termes qui me semblent aller au-delà même de la proposition de M. Chasseloup. Son amendement, qui dit : « la valeur locative de tous les établissements industriels, pris dans leur ensemble, et *munis de tous leurs moyens de production*, » me paraît comprendre la machine et aussi la vapeur qui la met en jeu. L'honorable auteur de cet amendement a eu la bonté de me déclarer tout à l'heure qu'il n'entendait pas comprendre la machine chauffée et en activité. M. le rapporteur nous a fait la même déclaration. Je les loue beaucoup de cette déclaration; car ils feraient encore une chose nuisible à l'industrie, s'il arrivait qu'ils voulussent imposer la machine à vapeur fonctionnant, ce serait dépasser toutes les bornes. »

M. *le rapporteur* a dit à ce sujet : « Les deux rédactions peuvent avoir chacune leurs inconvénients. Si le mot *moyen* peut être trop large, le mot *matériel* peut être trop étroit; car la valeur locative du cours d'eau doit être comprise dans les usines hydrauliques. Je crois qu'avec les explications qui ont été données, les mots *moyens de production* sont suffisants. »

M. *Lestiboudois* a répondu : « Précisément je m'appuierai sur la raison donnée par M. le rapporteur pour insister sur la nécessité de mon amendement.

« M. le rapporteur dit que, dans le sens de l'amendement de M. Chasseloup, la force hydraulique est comprise. Je l'accepte. Mais, précisément parce qu'elle comprend la force hydraulique, elle comprend la vapeur, et, conséquemment, les explications ne suffisent pas, il faut que dans la loi nous trouvions une disposition formelle. »

M. *le rapporteur* a répliqué : « La valeur locative ne pourrait porter sur le combustible que dans des

de production (1).

10. Le droit proportionnel est payé dans toutes les communes où sont situés les magasins, boutiques, usines, ateliers, hangars, remises, chantiers et autres locaux servant à l'exercice des professions imposables.

Si, indépendamment de la maison où il fait sa résidence habituelle et principale, et qui, dans tous les cas, sauf l'exception ci-après, doit être soumise au droit proportionnel, le patentable possède, soit dans la même commune, soit dans des communes différentes, une ou plusieurs maisons d'habitation, il ne paie le droit proportionnel que pour celles de ces maisons qui servent à l'exercice de sa profession.

Si l'industrie pour laquelle il est assujetti à la patente ne constitue pas sa profession principale, et s'il ne l'exerce pas par lui-même, il ne paie le droit proportionnel que sur la maison d'habitation de l'agent préposé à l'exploitation.

11. Le patentable qui exerce dans un même local, ou dans des locaux non distincts, plusieurs industries ou professions passibles d'un droit proportionnel différent, paie ce droit d'après le taux applicable à la profession pour laquelle il est assujetti au droit fixe (2).

---

cas exceptionnels; pourquoi prévoir des cas qui ne peuvent se réaliser? »

M. *Lestiboudois* a insisté en disant : « Je le prévois justement parce qu'il a été prévu dans la discussion. »

M. *Delespaul* a fait remarquer que la question était de savoir si les moteurs artificiels seront évalués à l'état de repos, oui ou non.

M. *le ministre des finances* a dit que M. le rapporteur de la commission ayant déclaré qu'il s'agissait des moteurs à l'état de repos, il se rangeait tout à fait à l'explication de la commission.

M. *Talabot* a ajouté : « M. de Chasseloup propose que l'on dise : *moyens de production*; M. Lestiboudois propose que l'on dise : *matériel de production*. Je propose que l'on dise : *moyens matériels de production*.

« On oppose au mot *matériel* que la force des cours d'eau n'est pas comprise dans cette dénomination; la force des cours d'eau est un moyen matériel.

« On oppose au mot *production* que le combustible employé pour chauffer pourrait être compris dans les moyens de production; les mots *moyen matériel de production* excluent cette interprétation. »

Le gouvernement et la commission ont adhéré à cette rédaction, qui a été adoptée, et dont le sens est parfaitement établi par les paroles de M. Talabot.

(1) L'amendement proposé d'abord par M. *de Chasseloup-Laubat* portait que la valeur locative devait être calculée *sur les établissements munis de tous leurs moyens de fabrication*. M. *Schneider* (d'Autun) avait sous-amendé cette rédaction, en ce sens que la valeur locative ne serait calculée que sur *l'ensemble des moyens de fabrication mis en usage*.

Lors de la discussion du paragraphe, M. *Schneider* a fait observer que M. de Chasseloup, reprenant la pensée et l'expression qu'il avait lui-même émise, avait indiqué dans la rédaction nouvellement déposée que les établissements seraient *pris dans leur ensemble* :

« Je n'ai plus à revenir, a-t-il ajouté, que sur l'expression *mis en usage*, qu'il n'a pas reproduite. Je ne tiendrai pas d'ailleurs à cette expression si M. le ministre des finances nous donne une explication satisfaisante. Par ces mots *mis en usage*, j'ai entendu que l'on ne devait compter pour la valeur locative que les moyens de fabrication *utilisés*. L'honorable M. de Chasseloup-Laubat m'a assuré que c'était uniquement parce qu'on ne pouvait l'entendre autrement qu'il n'avait pas répété ces mots : *mis en usage*. Au sein de la commission, M. le rapporteur m'a donné la même assurance, je n'insisterais qu'autant que je trouverais ici une dénégation. Si, en effet, Messieurs, une usine possède à côté d'un cours d'eau une machine à vapeur pour le moment où elle n'aurait pas d'eau, on ne pourrait calculer ou imposer à la fois l'un et l'autre de ces deux moteurs. Il faudrait prendre seulement l'un ou l'autre, si l'un et l'autre ne fonctionnent pas ensemble.

« Si une usine a un outillage de rechange, on n'imposera que celui qui est mis en usage; si, dans un ensemble d'établissements, telle ou telle partie chôme forcément dans une usine qui a besoin d'approvisionnements et qui ne peut les obtenir, dans un établissement métallurgique, par exemple, qui n'a pu acheter tous les bois nécessaires pour son alimentation et qui est obligé de laisser chômer un ou plusieurs de ses feux de forges ou hauts-fourneaux; si, enfin, pour cause de grosses réparations devant durer au moins une année, telle ou telle partie d'une usine est mise en chômage forcé, la valeur locative sera d'autant moins grande, et il doit être entendu que l'administration aura à saisir d'autant moins, c'est-à-dire qu'on ne calculera pas, momentanément du moins, la partie inerte ou hors de service : l'industriel, vous le reconnaissez, a déjà à surmonter, pour cette partie inactive, une trop grande charge avec l'impôt immobilier et tous les frais d'entretien. »

M. *le ministre des finances* a répondu : « La Chambre n'oubliera pas que l'amendement comprend les mots : *valeur locative*.

« Quand une usine est exposée au chômage, elle se loue moins cher; il y a là un motif pour que la valeur locative soit estimée à un taux moins élevé. Quant à la réunion des deux moyens, comme un cours d'eau et la vapeur, si cette réunion a pour effet d'empêcher le chômage, elle augmente la valeur de l'usine, et il est juste d'en tenir compte. »

M. *Muret de Bort* a ajouté : « Indépendamment d'une machine à vapeur mise à côté d'un cours d'eau, il peut y avoir des machines supplémentaires. Ainsi, il y a des usines qui, chômant pendant un certain temps de l'année, sont obligées d'avoir des machines supplémentaires. Eh bien! je demande si l'on estimera ces machines supplémentaires dans la valeur locative, et si l'on ne tiendra compte que des machines fonctionnant ordinairement. »

M. *Schneider* (d'Autun) a répondu : « C'est l'ensemble. »

(2) A l'occasion de cet article, M. *Oger* a demandé

Dans le cas où les locaux sont distincts, il ne paie pour chaque local que le droit proportionnel attribué à l'industrie ou à la profession qui y est spécialement exercée.

Dans ce dernier cas, le droit proportionnel n'en demeure pas moins établi sur la maison d'habitation, d'après le taux applicable à la profession pour laquelle le patentable est imposé au droit fixe.

12 (1). Dans les communes dont la population est inférieure à vingt mille âmes, mais qui, en vertu d'un nouveau dénombrement, passent dans la catégorie des communes de vingt mille âmes et au-dessus, les patentables des septième et huitième classes ne seront soumis au droit proportionnel que dans le cas où une seconde ordonnance de dénombrement aura maintenu lesdites communes dans la même catégorie.

13. Ne sont pas assujettis à la patente,

1° Les fonctionnaires et employés salariés, soit par l'Etat, soit par les administrations départementales ou communales, en ce qui concerne seulement l'exercice de leurs fonctions;

2° Les notaires, les avoués, les avocats au conseil, les greffiers (2), les commis-

---

la suppression de l'impôt des portes et fenêtres en faveur des usines et manufactures; il a proposé à cet effet un paragraphe additionnel ainsi conçu :

« Ne sont point soumis à l'impôt des portes et fenêtres les manufactures, usines et tous établissements industriels servant à l'exercice des professions imposables. »

La Chambre n'a pas désapprouvé cette proposition; seulement, on a fait observer qu'elle était tout à fait étrangère à la loi des patentes; M. *le ministre des finances* a demandé qu'elle fût renvoyée à la discussion du budget, et M. *Oger* a retiré son amendement.

(1) Les patentables des septième et huitième classes du tableau sont exempts du droit proportionnel dans les communes au-dessous de 20,000 âmes. (Voy. tableau A, tarif, et l'avant-dernier alinéa du tableau D.)

(2) Le projet de loi ajoutait : *les agréés.*

M. *Chégaray* s'est étonné de rencontrer ce mot dans l'article. « Qu'est-ce que c'est que les agréés? a-t-il dit; je ne connais pas de loi qui reconnaisse les agréés, et j'en connais, au contraire, qui prohibent virtuellement les agréés.....

« La loi commerciale ne reconnaît l'existence d'aucun officier ministériel qui ait, de plein droit, la faculté de représenter les parties devant les tribunaux consulaires, bien qu'il y ait des tribunaux de commerce qui aient jugé à propos d'en établir auprès d'eux par des arrêtés qui leur sont spéciaux, mais qui n'ont jamais été reconnus, qui n'ont jamais pu l'être par aucun acte de l'autorité publique. Quand les parties le jugent convenable, elles peuvent se faire représenter par des agréés; elles n'y sont nullement obligées. Elles ont la faculté de venir se présenter elles-mêmes, ou de se faire représenter par tel mandataire qu'il leur plaît de choisir; et les tribunaux de commerce ne pourraient, sans manquer à la loi, leur imposer un agréé. »

« Lorsque l'état de choses que je rappelle résulte expressément de l'art. 414 du Code de procédure et de l'art. 627 du Code de commerce, je demande s'il est possible d'introduire dans la loi des patentes une expression d'où l'on pourrait induire la reconnaissance implicite par le législateur d'une nouvelle classe d'officiers ministériels inconnus jusqu'ici. »

Plusieurs orateurs ont appuyé la proposition de M. Chegaray. M. *le garde des sceaux* lui-même a dit :

« Je crois qu'il serait utile de supprimer le mot *agréés.* Il y a des officiers ministériels reconnus par la loi; celle du 28 mars 1816, notamment, leur a donné le droit très-considérable de transmettre leurs charges. Prenez garde, Messieurs, que, par cette seule énonciation, insérée dans la loi que nous discutons, nous n'arrivions à créer de nouveaux officiers ministériels, et certes quand il en sera ainsi, quand le nom d'agréé sera pour la première fois dans la loi, croyez bien qu'il y aura là une source de transmission nouvelle. Il me paraît donc très-utile de supprimer le mot *agréés*, et il n'y aura aucun inconvénient; car si vous aviez voulu soumettre les agréés à la patente, sans doute il aurait bien fallu que leur nom fût dans la loi. Mais si, au contraire, comme le propose la commission, vous désirez que la patente ne soit pas imposée aux agréés, il est parfaitement inutile que le mot *agréés* soit dans la loi. La suppression du mot arrive évidemment au but que la commission et le gouvernement veulent atteindre. »

A ces considérations, M. *Debelleyme* a encore ajouté : « En principe, l'existence des agréés n'est pas reconnue par la loi. Les agréés sont des mandataires; or, chacun peut se présenter comme mandataire; c'est une question de principe que de venir pour la première fois prononcer leur nom dans la loi; c'est instituer un office; on en tirera les conséquences; si vous ne l'énoncez pas, ces agréés resteront dans la position des autres mandataires; mais je supplie la Chambre, à l'occasion de la loi des patentes, de ne pas instituer un nouvel office. »

La commission a donné son adhésion, et le mot *agréés* a été retiré.

M. *Rivière de Larque* a dit alors : « Si les agréés sont retirés, ils restent donc patentables. »

M. *le ministre des finances* a répondu : « M. Rivière de Larque commet une confusion; il oublie que la Chambre a voté, sur la proposition de la commission, le tableau A, dans lequel ne se trouvent pas compris les agréés. Par conséquent, ils ne sont pas imposés à la patente comme agréés. Restent ensuite les cas particuliers dans lesquels on pourrait les considérer comme agents d'affaires. Ils ne sont pas portés dans le tableau A qui a été voté. En supprimant le mot dans l'article, on ne rétablit pas dans le tableau. Les choses restent dans l'état où elles étaient auparavant. »

Je comprends très-bien que les agréés ne soient pas assujettis à la patente, car leur profession a de l'analogie avec celle d'avoué et celle d'avocat; mais je suis surpris qu'on ait cru devoir éviter avec tant de soin de prononcer leur nom dans la loi, et cela dans la crainte de constituer une nouvelle classe d'officiers ministériels qui auraient le droit de transmettre leurs charges. En fait, les tribunaux de commerce reconnaissent leur existence, et leur existence est très-utile; ils ont des charge sqt

saires-priseurs, les huissiers (1);

3° Les avocats;

Les docteurs en médecine ou en chirurgie, les officiers de santé, les sages-femmes et les vétérinaires (2);

Les peintres, sculpteurs, graveurs et dessinateurs (3) considérés comme artistes, et ne vendant que le produit de leur art;

Les architectes considérés comme artistes, ne se livrant pas, même acciden-

---

ils les vendent. La loi qui les reconnaîtrait ne créerait rien de nouveau; elle constaterait un fait; elle pourrait en même temps réglementer la transmission des charges et établir une discipline intérieure, ce qui serait certainement fort bon et pour les agréés eux-mêmes et pour le public.

Outre les agréés, le projet de loi désignait encore comme exempts de la patente *les référendaires au sceau.*

M. *Boudet* a fait observer que, comme les agréés, et pour les mêmes motifs, les référendaires au sceau ne devaient pas être mentionnés dans l'article.

Mais M. *le garde des sceaux* a répondu : « Les référendaires au sceau ont été autorisés à présenter leurs successeurs, et ils usent de cette autorisation; ils sont des intermédiaires fort utiles aux parties dans toutes les affaires de sceau. Il faut donc s'expliquer à leur égard et les exempter de la patente. »

M. *Boudet* s'est efforcé d'établir qu'au contraire, les référendaires au sceau n'ont été institués par aucune loi. « Ils ont été créés, a-t-il ajouté, par une ordonnance postérieure à la loi de 1816, qui ne les a pas autorisés à transmettre leurs offices, comme elle l'a fait pour les officiers ministériels institués et reconnus par les lois.

« Les traditions de la chancellerie sont d'ailleurs constantes..... Toutes les fois qu'il s'est agi de transmettre ces fonctions, on n'a pas permis à la chancellerie que les traités fussent produits : on a toujours exigé une démission pure et simple sans présentation de successeur. Tous les gardes des sceaux ont entendu par là se réserver le droit de supprimer, s'il y avait lieu, les référendaires au sceau et de ne pas les considérer comme des officiers ministériels ayant le droit de présenter des successeurs..... Dans cette situation, je crois qu'il ne faut rien préjuger; je n'entends pas établir, quant à présent, qu'il ne faut pas les maintenir; mais je ne veux pas que la loi actuelle leur fournisse un argument pour prolonger leur existence, quand le moment sera venu d'en examiner l'utilité et la légalité. »

M. *le garde des sceaux.* « D'après les observations qui viennent d'être faites, il n'y a aucun inconvénient ni à les supprimer, ni à les maintenir, puisqu'ils ne doivent pas payer patente. Il est évident que la suppression ne peut ni leur nuire ni leur profiter. »

La commission retire alors sa proposition. Il faut dire des référendaires au sceau ce que j'ai dit des agréés.

(1) Les commissaires-priseurs ont été inscrits au nombre des personnes exemptées de la patente, sur la proposition de M. *Taillandier.*

Cet orateur a fait remarquer que, comme les notaires, les commissaires-priseurs sont des officiers ministériels institués par la loi, reconnus par la loi, et qui peuvent présenter leurs successeurs; qu'ils sont assujettis à un cautionnement et qu'ils offrent toutes les autres garanties que présentent les autres officiers ministériels. « La commission a prétendu, a-t-il ajouté, que ces officiers ministériels étaient sans cesse mêlés à des opérations commerciales, c'est évidemment là une erreur, il leur est, au contraire, expressément défendu, ainsi qu'aux huissiers, de faire le commerce. Les commissaires-priseurs ne peuvent en aucune manière être assimilés aux négociants. »

Les huissiers ont ensuite été admis au même privilége que les commissaires-priseurs sur la proposition de MM. *Oger* et *Dessaignes.*

(2) La rédaction de ce paragraphe a été proposée par M. *Bouillaud*, et accueillie par la Chambre sur l'adhésion de la commission.

Le projet de loi était ainsi conçu : « Les médecins, chirurgiens, officiers de santé, sages-femmes, *oculistes, dentistes* et vétérinaires.

De ce que les mots *oculistes* et *dentistes* n'ont pas été reproduits, est-ce à dire qu'on a entendu assujettir à la patente ces deux professions?

Je ne le pense pas. La plupart des oculistes et dentistes sont docteurs en médecine ou en chirurgie; ils sont au moins des officiers de santé; et pourquoi leur aurait-on refusé une exemption qu'on accordait aux sages-femmes et aux vétérinaires? D'ailleurs, ils ne sont point portés dans les tableaux, et il serait bien difficile de les assujettir à la patente aux termes de l'art. 4, par analogie avec d'autres industries patentées.

(3) Le projet de loi ne contenait pas le mot *dessinateurs*; mais, après les graveurs, on lisait : *lithochromes*, *lithographes.*

« Peut-être ne remarquera-t-on pas, a dit M. *le rapporteur*, tant la chose a peu d'importance, que nous avons ajouté aux peintres, sculpteurs et graveurs les dessinateurs, en retranchant les mots *lithochromes* et *lithographes.* En voici la raison, nous ne voulons exempter que les artistes. Or, l'artiste lithographe est un dessinateur, l'artiste lithochrome est un peintre, tandis que les lithographes et les lithochromes ne sont, à proprement parler, que des imprimeurs à procédés spéciaux, lesquels ne doivent pas être exempts de la patente. »

M. *Donatien Marquis* a demandé que l'exemption fût étendue aux *dessinateurs de fabrique*, qui, suivant lui, sont des artistes véritables et très-utiles, car notre commerce en tire d'immenses avantages.

M. *le rapporteur* s'est opposé à la proposition. « Ce sont seulement, a-t-il dit, les dessinateurs considérés comme artistes que nous avons entendu exempter de la patente.

« La Chambre a déjà décidé que les dessinateurs de fabrique devaient être patentés. (Voy. tableau A, 6ᵉ classe.)

« Et, en effet, c'est là une de ces professions dont le caractère participe beaucoup plus du commerce, de l'industrie que de l'art. Le dessin de l'artiste a une valeur par lui-même, par sa propre beauté comme produit de l'intelligence, le dessin du dessinateur de fabrique n'a de prix que comme moyen de fabrication; c'est un procédé industriel bien plutôt qu'une œuvre d'esprit ..

..... Tout le monde est d'avis qu'un dessin de fabrique, destiné à faire une étoffe, n'est pas un objet d'art. »

Toutefois, il est bon d'observer que les dessinateurs de fabrique ne sont le plus souvent que de simples ouvriers *travaillant à gages, à façon et à la*

tellement, à des entreprises de construction (1);

Les professeurs de belles-lettres, sciences et arts d'agrément; les chefs d'institution, les maîtres de pension, les instituteurs primaires (2);

Les éditeurs de feuilles périodiques;

Les artistes dramatiques;

4° Les laboureurs et cultivateurs, seulement pour la vente et la manipulation des récoltes (3) et fruits provenant des terrains qui leur appartiennent ou par eux exploités,

---

journée, dans les maisons, ateliers et boutiques..... et, par là, dispensés de la patente. (Voy. n. 6.)

(1) C'est sur la proposition de MM. *Barillon* et *Taillandier* que les architectes ont été exemptés de la patente.

« Les architectes, a dit M. *Taillandier*, se livrent aux travaux de l'esprit comme les peintres, les sculpteurs, etc. Lorsqu'ils feront des opérations commerciales, en se rendant entrepreneurs de bâtiments, ils seront atteints par la patente, non plus en leur qualité d'architectes, mais parce qu'ils deviendront spéculateurs ou négociants....

« Il y a en effet deux classes d'architectes, a dit de son côté M. *Vatout*, les architectes *artistes* et les architectes *entrepreneurs*. Les uns, pénétrés de la dignité de leur mission, livrent le produit de leur génie, et des entrepreneurs sont chargés de l'exploiter et de le traduire en édifice ou en monument; les autres s'associent à des entreprises; ce ne sont plus que des spéculateurs, et ils doivent être saisis par la loi; mais lorsqu'ils se font entrepreneurs, on dit qu'il est difficile de le savoir; c'est une erreur; rien n'est plus facile à reconnaître. Lorsque l'architecte se fait entrepreneur, il a des magasins; il achète des matériaux; il emploie des ouvriers; il fait des mémoires à son compte, toutes choses que l'architecte véritablement artiste ne fait pas quand il se renferme dans ses attributions. Ainsi, il est parfaitement vrai que l'on peut distinguer parmi les architectes ceux qui remplissent leur mission dans toute sa dignité de ceux qui, au contraire, se constituent en spéculateurs. »

M. *Vatout* a terminé son discours en établissant que les architectes sont non seulement artistes, mais qu'ils deviennent, dans certaines circonstances, fonctionnaires publics, administrateurs des fonds de l'État, des départements, des communes, et dispensateurs des intérêts privés. « En conséquence, a-t-il dit, le gouvernement reconnaîtra la nécessité de donner aux architectes une organisation régulière et de les assujettir à la délivrance d'un diplôme. »

M. *Fulchiron* a signalé encore un moyen facile de distinguer l'architecte-artiste de l'architecte-entrepreneur.

« Les architectes qui se livrent à la construction, a-t-il dit, ont très-fréquemment des contestations devant les tribunaux. Du moment où ils auront pris cette qualité, ils seront soumis à la patente. »

Le gouvernement et la commission ont combattu l'amendement, qui n'a été adopté qu'après une discussion assez longue.

La loi du 7 brumaire an 6 contenait une disposition analogue; elle portait dans son art. 11 :

« Les architectes ne seront également assujettis à la patente que quand ils feront des règlements de mémoires d'ouvriers, des expertises ou entreprises de bâtiments pour leurs comptes. »

Ainsi, d'après la loi de l'an 6, l'exemption n'était accordée qu'à l'architecte *simple artiste*, simple dessinateur de projets d'édifices. Il suffisait qu'il réglât un mémoire d'ouvriers ou qu'il fît une expertise pour être assujetti à la patente. D'après la loi nouvelle, l'architecte ne peut être soumis à la patente que comme *entrepreneur* se livrant à des entreprises pour son propre compte, et c'est la *patente d'entrepreneur* qui lui est alors imposée; que si l'architecte fait une expertise, une réception de travaux, s'il règle des mémoires d'ouvrage (ce que tous les architectes font), il ne sera pas, pour ces faits, soumis à la patente, car il ne sera ni entrepreneur ni spéculateur.

(2) M. *Delessert* a demandé si les institutrices, les maîtresses de pension sont comprises dans l'exemption accordée aux instituteurs, maîtres de pensions, etc.

M. *Dupin* a répondu : « Toutes les fois qu'on énonce une profession, on entend les individus des deux sexes qui exercent cette profession. »

M. *le président* a ajouté : « Il est évident que c'est la profession même que vous exemptez. »

(3) L'art. 29 de la loi du 1er brumaire an 7 contenait une disposition analogue, et, par application de ce principe, le conseil d'État a regardé comme exempts de patente :

1° Le propriétaire qui se borne à filer les cocons de soie provenant de ses récoltes. (Ord. du 14 juillet 1838, Mac., 1838, p. 378; Dalloz, 39. 3. 123.)

M. *Lafarelle* a proposé de le dire expressément dans la loi. Mais M. *le ministre des finances* a répondu que c'était inutile et que l'éducateur de vers à soie ne pouvait pas plus être imposé pour la filature de ses cocons, que le producteur de vin qui le convertit en eau-de-vie.

2° Le propriétaire qui se borne à vendre la tourbe provenant exclusivement de son fonds. (Ord. du 23 décembre 1835, Mac., 1835, p. 703; Dalloz, 36. 3. 51.

3° Le fabricant de sucre indigène qui se borne à manipuler les fruits de ses récoltes.

Mais l'exemption ne s'étend pas au fabricant qui emploie des betteraves cultivées et récoltées par des tiers, lors même qu'il aurait fourni la semence avec convention que la récolte lui serait livrée moyennant un prix déterminé d'avance. (Ord. du 2 août 1838, Mac., 1838, p. 467; Dalloz, 39. 3. 118.)

4° Le vannier qui se borne à employer des osiers récoltés par lui dans les oseraies qu'il exploite. (Ord. du 21 janvier 1842, Mac., 1842, p. 26.)

5° Le jardinier qui vend les fleurs et les fruits du jardin qu'il cultive. (Ord. du 6 décembre 1836, Mac., 1836, p. 522; Dalloz, 37. 3. 131.)

Mais il a été jugé que les jardiniers qui ne se bornent pas à vendre les produits de leurs jardins ou pépinières, qui achètent encore habituellement des fleurs et des arbustes pour les revendre immédiatement, ne sont pas admis au bénéfice de l'exemption; qu'ils doivent être considérés comme herboristes et patentés comme tels. (Ord. du 27 mai 1841, Mac., 1841, p. 162; Dalloz, 41. 3. 353.)

Le propriétaire de bois qui vend le produit de

« pour le bétail qu'ils y élèvent, qu'ils y entretiennent ou qu'ils y engraissent (1);

Les concessionnaires de mines pour le seul fait de l'extration et de la vente des matières par eux extraites (2);

Les propriétaires ou fermiers des marais salants;

Les propriétaires ou locataires louant accidentellement une partie de leur habitation personnelle (3);

---

ses coupes dans un magasin ou chantier, doit-il être soumis à la patente?

M. *le ministre des finances* a prétendu, sous l'empire de la loi de brumaire, que, pour être admis à jouir de l'exemption, le propriétaire devait se borner à la simple vente de ses bois soit sur place, soit en les transportant sur les marchés; qu'au contraire, s'il avait un chantier hors de son exploitation, qu'il y fît conduire ses bois exploités, il lui paraissait évident que ces bois, une fois rentrés au chantier, cessaient de pouvoir être considérés comme *récolte*, et que leur vente constituait un *véritable acte de commerce*, qui rendait passible de la patente.

« Cette interprétation, disait-il, est la plus conforme à l'esprit du législateur, qui a seulement voulu favoriser l'écoulement des récoltes par les voies ordinaires. D'ailleurs, si l'on admettait le principe contraire, on s'exposerait à autoriser une fraude continuelle. »

Les observations de M. le ministre des finances ne furent point accueillies par le conseil d'État. (Voy. ord. du 17 janvier 1838, Mac., 1838, p. 30; Dalloz, 38. 3. 207.) Le conseil a paru, à quelques arrêtistes, être revenu dans la suite sur cette première décision dans une ordonnance du 27 février 1840. (Voy. Mac., 1840, p. 66, et surtout Dalloz, 40. 3. 94.) Mais, dans cette dernière affaire, il était établi par l'instruction que le réclamant avait vendu, outre les bois de ses propriétés, une certaine quantité de bois achetés.

A mon avis, les prétentions de M. le ministre des finances, fussent-elles bien fondées sous l'ancienne législation, ne sauraient l'être aujourd'hui. Le propriétaire qui met ses bois en chantier pour les vendre n'est pas plus sujet à patente que le propriétaire qui place, pour les vendre ensuite, ses blés dans ses granges et ses vins dans ses celliers.

Il ne peut y avoir de doute à cet égard, en présence des termes généraux de la présente loi, qui exempte de la patente les laboureurs et *cultivateurs* pour la vente et la *manipulation* des récoltes et *fruits* provenant des terrains qui leur appartiennent ou par eux exploités.

Au surplus, M. *Barillon* ayant proposé d'exempter expressément de la patente les propriétaires de bois pour l'exploitation et la vente de leurs récoltes, M. le ministre des finances a déclaré que cela était inutile, comme il avait été reconnu inutile d'exempter l'éducateur de vers à soie pour la filature de ses cocons.

(1) Les mots *qu'ils y engraissent* ont été ajoutés par la commission de la Chambre des Députés, « par le motif, a dit son *rapporteur*, que le conseil d'État a maintes fois décidé qu'on ne doit pas imposer à la patente, comme herbager, le cultivateur qui achète des bœufs maigres pour les vendre après les avoir engraissés dans les herbages par lui possédés ou affermés. » (Voy. ord. du 14 juillet 1838, Mac., 1838, p. 372; Dalloz, 39. 3. 104.)

MM. *Lavalette* et *Monthierry* ont proposé de substituer aux mots: *pour le bétail qu'ils y élèvent*, ceux-ci: *pour la vente du bétail qui consomme ses produits.*

« L'amendement que nous proposons, a dit M. *Lavalette*, n'est en réalité qu'un changement de rédaction; il n'altère en rien, du moins nous le croyons, le sens que la commission a voulu attacher au paragraphe en discussion. Evidemment la pensée de la commission a dû être que jamais la consommation par le bétail des produits du domaine ne pouvait donner lieu à la patente.

« Nous avons cru devoir le dire en termes formels, afin d'éviter toute équivoque, parce qu'il arrive que nos agriculteurs ne se bornent pas toujours à élever et à engraisser; très souvent ils nourrissent et entretiennent pendant un temps plus ou moins long une certaine quantité de bétail qu'ils ont acheté pour s'en défaire plus tard avec ou sans bénéfice.

« Ainsi, dans certaines localités, on achète des bœufs de travail pour les revendre quand les labours sont terminés; dans d'autres, chaque fois que le bétail ordinairement attaché à la ferme ne suffit pas à consommer la surabondance des produits, on se procure un certain nombre d'animaux en mauvais état pour les revendre plus tard, non pas engraissés, mais dans un état meilleur. Enfin, auprès des villes, il arrive que l'agriculteur change très-souvent ses vaches. Pourquoi? Parce que là le bétail est son produit principal.

« Toutes ces opérations ne sont pas, je le répète, un commerce proprement dit; elles ne sont que l'accessoire, que la conséquence de l'exploitation. »

M. *de Beaumont* (de la Somme) a repoussé la rédaction proposée comme offrant un inconvénient.

« Il en résulterait, a-t-il dit, que, dès lors qu'un agriculteur qui ne peut réunir dans son exploitation tous les éléments d'engrais pour son bétail, achèterait une certaine quantité de tourteau ou de pulpe de betterave, par exemple, il devrait être considéré comme faisant le commerce de bestiaux; ce qui ne peut pas être. »

En conséquence, il a proposé de revenir à la proposition de la commission qui lui a semblé beaucoup plus large.

M. *Dezeimeris* avait, dans le même but que M. Lavalette, proposé de dire: *qu'ils élèvent, entretiennent ou engraissent.* M. Lavalette a repris cette rédaction, qui a été accueillie par la commission et par la Chambre.

(2) L'art. 32 de la loi du 21 avril 1810 porte: L'exploitation des mines n'est pas considérée comme un commerce, et n'est pas sujette à patente.

Le projet de loi disait que l'exemption était accordée aux concessionnaires de mines, *pour le seul fait de l'extraction.* La commission a proposé d'ajouter: *et pour la vente des matières par eux extraites.* « Ce serait une vraie déception, a dit le rapporteur, de leur permettre d'extraire ce qu'ils ne pourraient pas vendre. » — Ainsi, point de patente pour le fait de l'extraction, et point de patente pour le fait de vente des matières extraites.

(3) La rédaction primitive de ce paragraphe était celle-ci: « Les logeurs aux eaux et les propriétaires, etc., etc. » Lors de la discussion, M. *le rapporteur* a manifesté la crainte que, par ces mots: *logeurs aux eaux*, on pût croire que l'exemption s'étendait aux aubergistes ordinaires ou aux loueurs en garni, et il a proposé une nouvelle rédaction ainsi conçue:

Les pêcheurs, même lorsque la barque qu'ils montent leur appartient;

5° Les associés en commandite (1), les caisses d'épargne et de prévoyance administrées gratuitement (2), les assurances mutuelles régulièrement autorisées (3).

6° Les capitaines de navire de commerce ne naviguant pas pour leur compte;

Les cantiniers attachés à l'armée (4);

Les écrivains publics;

Les commis (5) et toutes les personnes travaillant à gages, à façon et à la journée, dans les maisons, ateliers et boutiques des personnes de leur profession, ainsi que les ouvriers travaillant chez eux ou chez les particuliers, sans compagnons, apprentis (6),

---

« Les propriétaires ou locataires qui loueront accidentellement une partie de leur habitation personnelle pendant la saison des eaux. »

M. *Ternaux* a demandé que les mots : *dans la saison des eaux* fussent retranchés, parce que le paragraphe est généralisé, et s'applique aussi bien à celui qui loue accidentellement dans un temps de foire.

« Il y a dans les lieux où l'on va prendre les eaux, a dit M. *de Panat*, des personnes qui, par spéculation, font bâtir des maisons qu'elles n'habitent jamais, qu'elles louent pendant la saison des eaux. L'intention de la commission est-elle de les exempter de la patente? »

M. *le rapporteur* a répondu : « L'intention de la commission n'est pas d'exempter les personnes dont parle M. de Panat. En effet, ces personnes font une véritable spéculation; elles meublent des maisons entières pour les louer pendant la saison des eaux. La commission entend seulement parler de celles qui louent accidentellement une portion de leur propre habitation. »

M. *Delessert* a trouvé que le mot *accidentellement* laissait quelque chose de vague dans l'esprit. Il a demandé si les propriétaires qui à Paris louent une portion de leur maison, seraient exempts de patente, et M. *Ternaux* lui a répondu par les explications suivantes :

« La commission n'a voulu exempter que ceux qui, accidentellement, louent une partie de leur habitation personnelle. Ceux qui, toute l'année, tantôt à une personne, tantôt à une autre, louent une partie de leur maison garnie, doivent être considérés comme loueurs en garni, et doivent être sujets à la patente de loueur en garni. Au contraire, ceux qui se restreignent dans leur habitation personnelle pour louer, pendant un temps de courte durée, soit pour le temps des eaux, soit pour le temps des foires, soit par suite d'autres circonstances, doivent être exempts de la patente; c'est ce qu'a voulu dire la commission. »

(1) M. *Grandin* a proposé d'assujettir à la patente les associés en commandite. Cette proposition n'a pas été appuyée.

(2) M. *François Delessert* a proposé d'ajouter : *en conformité de la loi du* 5 *juin* 1835, afin qu'on ne puisse prétendre placer dans l'exemption quelques sociétés, qui, dans un intérêt de lucre et de bénéfice individuel, ont usurpé le nom de caisses d'épargne et de prévoyance.

Plusieurs membres se sont écriés : « C'est inutile, cela va sans dire; » et M. *le président* a ajouté :

« Il me semble que, d'après les explications données par M. le ministre et la commission, il est bien entendu que la disposition ne s'applique qu'aux caisses d'épargne et de prévoyance qui se trouvent dans les termes de la loi. Ainsi il n'y aurait pas lieu à insister sur l'amendement. »

M. Delessert n'a pas insisté.

(3) Il y a aussi, a dit M. *Delessert*, des compagnies d'assurances établies dans le but d'un lucre, entre autres, celles relatives au recrutement. Je ne pense pas que vous croyiez devoir exempter de la patente les établissements d'assurances mutuelles pour le recrutement. Ce ne sont pas des sociétés établies dans un but de bienfaisance, d'intérêt public, comme les sociétés d'assurances mutuelles contre l'incendie et la grêle; et je demande qu'on ajoute, après les mots *compagnies d'assurances*, les mots : *contre l'incendie et la grêle.*

Après quelques objections sans portée de la part de divers membres, M. *Jacques Lefèvre* a proposé d'ajouter ces mots : *et régulièrement autorisées.*

Cette rédaction a obtenu l'adhésion de M. le rapporteur et de M. Delessert, et a été ensuite adoptée.

M. *Vuitry* a proposé d'assujettir à la patente les assurances mutuelles qui seraient gérées par des administrateurs salariés; cette proposition n'a pas été appuyée, et c'est avec grande raison, car il n'y a là aucune spéculation commerciale; l'administrateur salarié n'est qu'un commis qui reçoit le prix de son travail, et que le paragraphe suivant dispense de la patente. »

(4) Le militaire qui exerce, en dehors de son service et pendant la durée de son congé, une profession sujette à patente doit être imposé à raison de cette profession. (Ord. du 12 avril 1838, Mac., 1838, p. 203; Dalloz, 39. 3. 37.)

(5) Lorsqu'il est établi, notamment par la vérification des livres d'une maison de commerce, qu'un particulier est un *commis intéressé* et non un associé, il doit être déchargé de la patente. (Ord. du 12 avril 1838, Mac., 1838, p. 201; Dalloz, 39. 3. 37.)

Il peut paraître difficile de déterminer la différence qui existe entre le commis intéressé et l'associé. Voy. ce que j'ai dit à ce sujet dans mon traité de la Société, t. 20 de Toullier (5e de ma Continuation, n. 53).

On doit considérer comme *simple commis* et non comme marchand de grains ou commissionnaire de marchandises, l'individu qui se borne à faire des achats de grains pour le compte et d'après les ordres d'un marchand de grains patenté. (Ord. du 30 juin 1842, Mac., 1842, p. 332.)

Et il en est de même en général de tout individu qui, demeurant dans une maison louée au nom d'un commerçant étranger à la ville, ne fait d'opérations commerciales que pour le compte et comme mandataire de ce commerçant. (Ord. du 30 juin 1842, Mac., 1842, p. 332.)

Au surplus, c'est à celui qui prétend n'être que le commis d'une maison de commerce à fournir la justification de ce fait. (Ord. des 3 février et 4 décembre 1835, Mac., 1835, p. 67 et 668.)

(6) M. *Demesnay* a trouvé étrange qu'on imposât un ouvrier par cela seul qu'il aurait un apprenti. « Le plus souvent, a-t-il dit, cet apprenti est placé chez lui par charité, ce serait donc imposer un généreux sentiment, et je supplie la Chambre d'étendre l'exemption à l'ouvrier avec ou sans apprenti. »

Il a proposé dans ce sens un amendement qui

enseigne ni boutique (1). Ne sont point considérés comme compagnons ou apprentis, la femme travaillant avec son mari, ni les enfants non mariés travaillant avec leurs père et mère, ni le simple manœuvre (2) dont le concours est indispensable à l'exercice de la profession ;

Les personnes qui vendent en ambulance dans les rues, dans les lieux de passage et dans les marchés, soit des fleurs, de l'amadou, des balais, des statues et figures en plâtre, soit des fruits, des légumes, des poissons, du beurre, des œufs, du fromage et autres menus comestibles ;

Les savetiers, les chiffonniers au crochet, les porteurs d'eau à la bretelle ou avec voiture à bras, les rémouleurs ambulants, les gardes-malades (3).

---

n'a pas été accueilli. M. *le ministre des finances* l'a repoussé, non parce qu'il désapprouvait l'idée de M. Demesmay, mais parce qu'il était à craindre qu'il n'en résultât une foule d'abus ; « car, a-t-il dit, il n'y aurait pas de deuxième ouvrier qui ne devînt apprenti. »

M. *Delessert* aurait voulu qu'il y eût une exception, au moins dans le cas d'un apprenti mineur de quinze ans. Mais sa proposition n'a pas été appuyée.

(1) Je crois qu'il faut entendre ici par *boutique* l'endroit ouvert au public, où l'artisan expose en vente les produits de son travail, et non l'endroit où il exerce son industrie, où sont ses établis, ses outils et tous les instruments de son état, en un mot, l'endroit que l'on peut appeler son *atelier*. Autrement l'exemption créée par l'article serait sans application, car tout ouvrier a besoin d'un atelier, et particulièrement les menuisiers, charrons et charpentiers, etc.

Au surplus, cette disposition est une amélioration sensible pour la classe ouvrière. L'art. 29 de la loi du 1er brumaire an 7 soumettait à la patente les ouvriers travaillant chez eux pour les marchands en gros et en détail et pour les particuliers, même sans compagnons, enseigne ni boutique.

M. *Vitet* a dit dans son rapport que, d'après les renseignements fournis par l'administration, on peut porter à 200.000 les ouvriers patentés qui seront exemptés par cette nouvelle disposition. Ces ouvriers payant une taxe moyenne de 4 fr. environ, leur exemption occasionnera une diminution de recette de 800,000 fr. environ. Ces 200,000 ouvriers se décomposent ainsi : tisserands et tisseurs, 56,000 ; tailleurs d'habits, 25,000 ; cordonniers, 46,000 ; maçons, 29,000 ; charpentiers, 10,000 ; charrons, 2,000 ; menuisiers, 3,500 ; couvreurs, 4,200 ; autres professions, 13,300.

(2) « Cette exemption, a dit M. *le rapporteur*, ne doit être accordée qu'à l'ouvrier qui emploie *un seul* manœuvre, et non à celui qui en emploierait *plusieurs*. »

M. *Lanyer* a fait remarquer qu'un grand nombre de professions exigent le concours de deux ouvriers ; que les ouvriers qui travaillent à la fabrication de la quincaillerie et de l'armurerie, par exemple, ne peuvent rien faire sans l'assistance d'un aide, d'un *compagnon*. Le mot *simple manœuvre* employé par l'article ne lui a pas paru suffisant ; il a proposé de dire : « ni le compagnon, lorsque son secours est indispensable à l'exercice de la profession. »

M. *Fulchiron*, de son côté, a rappelé que les grands métiers à fabriquer les soieries exigeaient aussi l'emploi permanent d'un compagnon appelé le *lanceur* ou le *rouleur*, et il a demandé si ce lanceur, ce rouleur sera considéré comme simple manœuvre.

Voici les explications que M. *le rapporteur* a données à cet égard :

« La commission et le gouvernement, a-t-il dit, sont d'accord sur ce point que, par ces mots : « *simple manœuvre* dont le concours est indispensable pour l'exercice de l'industrie, » on a entendu parler du *lanceur* qu'indiquait tout à l'heure l'honorable M. Fulchiron, du *rouleur*, autre dénomination employée dans les manufactures de soieries, *et du batteur* employé dans l'industrie de la métallurgie et du forgeron. En un mot, cela s'applique à tout individu dont le concours n'est pas temporaire, mais permanent et nécessaire pour l'exercice de la profession ; il me semble que rien n'est plus clair que cela. »

M. *Lanyer* a repris : « C'est l'équivalent du mot *compagnon* que nous vous demandions ; nous tenons à la chose et non pas au nom. »

M. *le rapporteur* a ajouté : « C'est la même chose, mais ce n'est pas le même nom : par le mot compagnon, on entend tout autre chose que *rouleur* ou *lanceur*, et souvent le compagnon travaille aussi pour son profit. »

M. *Odilon-Barrot* a parfaitement précisé la solution, en disant : « Ainsi il y a le compagnon *nécessaire* et le compagnon *superflu*. »

M. *Levavasseur* a encore demandé si les charpentiers, maçons, scieurs de long qui ne peuvent travailler seuls, et qui auront besoin du concours d'un compagnon seront assujettis à la patente.

M. *le rapporteur* a répondu :

« Toutes les fois que le concours simultané de deux forces est nécessaire pour l'exercice d'une profession, il y a lieu d'appliquer l'exemption accordée par l'article à toutes les industries auxquelles le concours est indispensable. »

(3) M. *Auguis*, se fondant sur ce que les bouquinistes vendent à bon marché des livres aux classes pauvres, et contribuent ainsi au développement de l'instruction, a réclamé pour eux la faveur de l'exemption de la patente.

Cette proposition n'a pas été accueillie.

M. *Stourm* a proposé un paragraphe additionnel ainsi conçu :

« Les laboureurs et cultivateurs qui exercent *accessoirement* un commerce, une industrie ou une profession, et qui ne se trouvent pas dans le cas de l'exemption prévue par le paragraphe 4 du présent article, ne seront passibles que de la moitié du droit fixe imposé au commerce, à l'industrie ou à la profession qu'ils exercent et sont exempts de tout droit proportionnel. »

M. *Stourm* donnait pour motif de cette proposition que le cultivateur ou le laboureur qui consacre la plus grande partie de son temps à l'exercice des travaux agricoles et ne donne à l'industrie que le temps qui n'est pas employé par ses occupations rurales, ne peut pas être frappé d'un droit égal à celui dont est frappé l'industriel, dont tous les soins sont absorbés par les nécessités de son commerce.

Le gouvernement et la commission, tout en reconnaissant que la proposition de M. Stourm était juste dans son principe, l'ont repoussée, dans la

14. Tous ceux qui vendent en ambulance des objets non compris dans les exemptions déterminées par l'article précédent, et tous marchands sous échoppe ou en étalage, sont passibles de la moitié des droits que paient les marchands qui vendent les mêmes objets en boutique. Toutefois cette disposition n'est pas applicable aux bouchers, épiciers et autres marchands ayant un étal permanent ou occupant des places fixes dans les halles et marchés.

15 (1). Les mari et femme séparés de biens ne doivent qu'une patente, à moins qu'ils n'aient des établissements distincts, auquel cas chacun d'eux doit avoir sa patente et payer séparément les droits fixes et proportionnels.

16. Les patentes sont personnelles, et ne peuvent servir qu'à ceux à qui elles sont délivrées. En conséquence, les associés en nom collectif sont tous assujettis à la patente.

Toutefois l'associé principal (2) paie seul

---

crainte qu'elle ne donnât lieu à des difficultés et à des abus.

« Comment, a dit M. *le rapporteur*, pourrait-on arriver à une appréciation exacte? Quelle quantité de terre faudra-t-il dûment cultiver pour être réputé cultivateur? Quelle sera la proportion? Comment distinguer la profession accessoire de la profession principale? Nous voilà engagés dans des difficultés insolubles. Remarquez que le même homme peut être soit cabaretier, soit épicier, soit forgeron, et faire néanmoins de la culture de son champ son occupation principale. Pourquoi l'exempter de la patente? Est-ce parce qu'exerçant deux industries il est plus à même de gagner sa vie que celui qui n'en exerce qu'une seule? S'il exerce deux industries, au moins faut-il qu'il paie une fois la patente. »

L'amendement de M. Stourm a été rejeté après de longs débats.

Cette discussion a fait naître de nouvelles explications sur un point qui a fait l'objet d'une note précédente. M. Stourm, en parlant des tisserands des campagnes, qui sont de simples ouvriers travaillant à façon, avait dit qu'ils étaient soumis à la patente et qu'ils payaient 2 fr. par métier.

M. *le rapporteur* a relevé cette erreur : « Les 2 fr. par métier, a-t-il dit, sont pour le fabricant qui fait fabriquer dans les campagnes par des ouvriers, et qui ont ainsi un certain nombre de métiers hors de chez eux. Ils paient pour les métiers qui leur appartiennent et qui sont chez des ouvriers; mais ceux qui travaillent chez eux ne paient qu'un droit de 2 fr. et 1 fr. pour l'ouvrier à façon. »

De nouvelles explications ont été demandées, et M. le rapporteur a continué :

« M. Stourm a confondu deux choses, a-t-il dit. L'article porté au tableau C est intitulé *fabrique à métier*, tandis qu'à la huitième classe du tableau A, nous voyons figurer le mot *tisserand*.

« Par fabrique à métiers, on entend ce que les lois de 1817 et 1818 avaient déjà ainsi dénommé, c'est-à-dire l'industrie du tissage en grand. Celui qui fait fabriquer soit à la campagne, soit dans sa propre demeure sur des métiers qui lui appartiennent, celui-là exploite une fabrique à métiers, et c'est lui que la nouvelle loi assujettit à payer 4 fr. par métier, quand les métiers sont dans un corps de fabrique, et 2 fr., quand les métiers sont disséminés dans les campagnes; mais cela n'a pas de rapport avec la profession du tisserand isolé travaillant pour son compte. Le tisserand qui travaille à la campagne avec son métier, avec des marchandises à lui appartenant, est porté à la huitième classe et n'est passible d'aucun droit proportionnel; il ne paie qu'un droit de 2 fr. quand il travaille pour son compte personnel, et 1 fr. quand il travaille à façon. »

M. *de Beaumont* (de la Somme) a dit : « Et s'il a deux métiers ou trois métiers chez lui? »

M. *le rapporteur* a répondu : « Peu importe le nombre des métiers dans ce cas-là. On ne le taxe pas par métier; il est à la huitième classe du tableau A, c'est-à-dire que, quelle que soit son industrie, il ne paie qu'un seul droit. »

M. *de la Plesse* a ajouté : « L'interprétation de cet article est très-grave pour les campagnes. Dans la séance d'hier, il me semble que vous avez exempté de tout droit l'homme de campagne qui travaille chez lui sans ouvrier ni compagnon; c'est là une des dispositions de l'art. 12 (aujourd'hui 13) que vous avez adopté hier. Vous avez dispensé de toute patente les ouvriers qui travaillent chez eux ou chez les particuliers sans compagnon, apprenti, enseigne ni boutique. Eh bien! il est évident, selon moi, que l'homme de campagne qui travaille chez lui avec son métier se trouve compris dans cette exception. »

M. *le rapporteur* a répliqué : « Il est tout simple que celui qui travaille seul est excepté par l'art. 12 (13); nous taxons seulement celui qui a plusieurs métiers. »

L'art. 6 de la loi du 29 frimaire an 7, qui organise le service des postes, dispense les maîtres de poste du droit de patente pour le service public dont ils sont chargés. L'art. 13 ne reproduit point cette exemption, mais elle n'en est pas moins conservée, car, dans l'art. 35, la loi nouvelle déclare conserver toutes les dispositions des lois antérieures qui ne lui sont point contraires.

Le maître de poste qui se borne à conduire dans l'étendue de ses relais des voitures publiques dont il n'a pas l'entreprise ne cesse pas d'avoir droit à l'exemption de patente. (Ord. du 23 décembre 1842. Mac., 1842, p. 535.)

(1) La loi de l'an 7 soumettait le mari et la femme séparés de biens à payer chacun une patente entière.

(2) M. *Galis* a trouvé que la rédaction du paragraphe 2 présentait une équivoque, et il a demandé ce qu'il fallait entendre par ces mots : *à la moitié de ce droit*. « Est-ce, a-t-il dit, le droit que paie l'associé principal? »

M. *le rapporteur* a répondu : « Oui! »

M. *Galis* a repris : « Ou est-ce le droit de la profession qui sera exercée dans un lieu où la population sera moindre? Il peut se présenter un doute. Il est certain que l'associé qui seconderait, qui représenterait la société dans un lieu où la population serait moindre pourrait payer un droit moindre que le droit de l'associé principal; je

le droit fixe en entier : les autres associés ne sont imposés qu'à la moitié de ce droit, même quand ils ne résident pas tous dans la même commune que l'associé principal (1).

Le droit proportionnel est établi sur la maison d'habitation de l'associé principal, et sur tous les locaux qui servent à la société pour l'exercice de son industrie.

La maison d'habitation de chacun des autres associés est affranchie du droit proportionnel, à moins qu'elle ne serve à l'exercice de l'industrie sociale (2).

17. Les sociétés ou compagnies ano-

---

demande à la commission de s'expliquer et de faire cesser toute équivoque.»

M. *le rapporteur* a ajouté : «La commission a entendu dire que l'associé, autre que l'associé principal, paiera la moitié de ce que paie l'associé principal. Si, par exemple, celui-ci est établi à Paris, ce sera la moitié du droit payé par lui à Paris que paiera son associé, dans quelque lieu qu'il habite. Si, au contraire, le siége de l'établissement est fixé dans une petite commune, comme c'est d'après le tarif de cette commune que l'associé principal est imposé, les autres associés, fussent-ils domiciliés à Paris, ne paieront chacun que la moitié du droit payé par leur coassocié. Ils profiteront, dans ce cas, du bénéfice de notre article.»

L'associé principal sera quelquefois difficile à reconnaître. Cependant, je crois que l'on devrait attribuer cette qualification à celui dont le nom serait placé le premier dans la raison sociale. Cependant, si, par hasard, un autre avait des capitaux plus considérables dans la société et une part plus grande dans les bénéfices, cette circonstance devrait l'emporter sur la considération tirée de l'ordre des noms.

Dans la Chambre des Pairs, M. *de Boissy* a prié M. le ministre des finances d'expliquer dans quelle proportion sera divisée la patente entre les associés.

M. *le président* a répondu : «Le paragraphe 2 dit : «Toutefois, l'associé principal paie seul le «droit fixe en entier; les autres associés ne sont «imposés qu'à la moitié de ce droit.»

M. *de Boissy* a dit : «Cela ne répond pas tout à fait à la question que je fais.

«L'associé principal paie le droit fixe en entier. Mais comme, en définitive, les autres contribuent en réalité à payer cette patente, je demande dans quelle proportion elle leur sera attribuée sur la somme totale lorsqu'ils se présenteront pour exercer leurs droits électoraux.»

M. *le ministre des finances* a repris : «Le premier paragraphe dit que les patentes sont personnelles, le second paragraphe dit que chacun doit payer; on comptera à chacun ce qu'il paiera.»

M. *le baron Girod* (de l'Ain) a ajouté : «Chaque associé paiera la moitié de ce que paiera l'associé principal; c'est très-clair.»

Ainsi, dans l'opinion des honorables pairs, le droit fixe comptera en entier pour le cens électoral de l'associé principal, et chacun de ses coassociés ne pourra s'appliquer que la moitié de ce droit. La loi du 19 avril 1831 dispose, au contraire, dans son art. 6, que les contributions foncières *et des patentes* seront, pour le cens électoral, partagées par égales portions entre les associés sans autre justification, etc. L'application de ce texte a été faite plusieurs fois, notamment par arrêts de Montpellier du 28 octobre 1837, Sirey, 37. 2. 490, et de Rennes, octobre 1835, Sirey, 35. 2. 490.

Cette disposition est-elle abrogée par la loi nouvelle? Les explications de M. le ministre des finances conduiraient à le décider ainsi; et ces mots : *les patentes sont personnelles* viendraient à l'appui de cette idée. Cependant, en définitive, la patente tombe dans la masse des dettes sociales, et, par là, se trouve également à la charge de chaque associé; il ne serait donc pas juste que l'associé principal qui n'en paie que sa part pût apporter au cens électoral un chiffre double de celui de ses coassociés. Comment croire, du reste, qu'on ait voulu, dans une loi sur les patentes, abroger une règle en matière électorale, établie par un article spécial et formel et consacrée par une jurisprudence constante? Ces mots : *les patentes sont personnelles* ont un tout autre sens que celui que leur attribue M. le ministre; ils ont été introduits dans la loi par la commission de la Chambre des Députés, qui a pris soin d'en expliquer la portée, et qui n'a voulu que reproduire les termes de l'art. 25 de la loi du 1er brumaire an 7.

(1) Plusieurs orateurs ont reproché à ce paragraphe de faire porter sur les personnes l'impôt des patentes, qui ne doit frapper que les produits du travail, et de porter la plus grave atteinte au principe de l'association commerciale, en augmentant l'impôt en raison du nombre des associés.

M. *Benoist* a proposé d'ajouter une disposition ainsi conçue :

«Dans les sociétés en nom collectif, où un seul associé a la gestion de l'intérêt social, les autres associés sont dispensés de ce demi-droit.»

De son côté, M. *Pellereau-Villeneuve* avait proposé de déclarer que, dans tous les cas, ce droit, réduit à la moitié, ne pourra jamais être au-dessus du droit entier applicable à l'établissement géré par l'associé.

Ces deux amendements n'ont pas été adoptés.

M. *le rapporteur* a expliqué que le demi-droit ne doit être appliqué qu'aux associés tels qu'ils sont définis par le Code de commerce, et non à toute personne qui, sans exercer la profession de commerçant, aurait fait avec une ou plusieurs personnes une affaire en participation. «Ainsi, a-t-il dit, dans nos ports de mer, par exemple, il existe souvent des associations de ce genre, soit pour la construction, soit pour l'armement des navires. Ce ne sont pas des sociétés de commerce, ce sont des réunions d'intéressés, lesquels ne prennent aucune part à la gestion de l'entreprise et qui doivent être, par conséquent, assimilés à de simples commanditaires. L'armateur seul, dans ce cas, doit payer la patente. Nous insistons sur ce point, parce qu'on a voulu quelquefois imposer au demi-droit fixe d'armateur les vingt ou trente intéressés à l'armement d'un seul navire. Cette prétention exorbitante ne devra pas être renouvelée.»

(2) D'après l'ancienne jurisprudence et le projet de loi présenté par le gouvernement, le droit proportionnel était dû par chaque associé sur sa maison d'habitation. C'est sur la proposition de la commission de la Chambre des Députés que la

nymes ayant pour but une entreprise industrielle ou commerciale, sont imposées à un seul droit fixe sous la désignation de l'objet de l'entreprise, sans préjudice du droit proportionnel.

La patente assignée à ces sociétés ou compagnies ne dispense aucun des sociétaires ou actionnaires du paiement des droits de patente auxquels ils pourraient être personnellement assujettis pour l'exercice d'une industrie particulière.

18. Tout individu transportant des marchandises de commune en commune, lors même qu'il vend pour le compte de marchands ou fabricants, est tenu d'avoir une patente personnelle, qui est, selon les cas, celle de colporteur avec balle, avec bêtes de somme ou avec voiture (1).

---

maison d'habitation de l'associé principal y est seule restée assujettie.

« Il peut arriver souvent, a dit M. *Vitet*, rapporteur, qu'un homme qui ne s'est associé dans une entreprise que pour une petite part, possède cependant une grande fortune et habite une riche demeure. Serait-il juste de lui demander le vingtième du prix de son loyer, somme peut-être supérieure à ses bénéfices dans la société? On se plaint tous les jours que l'esprit d'association soit languissant en France, et nous irions le décourager ainsi, nous interdirions, pour ainsi dire, à tout riche capitaliste de jamais prêter son concours à une entreprise industrielle autrement que comme actionnaire ou commanditaire! »

M. *Dufaure* a demandé à M. le ministre des finances s'il consentait à cette réduction du droit proportionnel, qui, suivant lui, a quelque chose de grave, « car l'associé principal, a-t-il dit, peut avoir une habitation excessivement restreinte et qui ne donne pas une idée de tous les bénéfices que la société peut faire. »

M. *le ministre des finances* a répondu :

« La considération que M. Dufaure vient d'invoquer, je l'avais présentée moi-même à la commission comme objection à son article. J'avais ajouté que je pensais qu'entre ces deux établissements de même importance, l'un géré par une seule personne, l'autre géré par plusieurs associés, il était évident que la personne seule, réalisant des bénéfices plus considérables, devait avoir probablement, d'après le principe de la loi, à supporter un droit proportionnel plus considérable aussi que celui qui frapperait l'habitation de l'un des gérants de l'autre établissement.

« La commission, sans contester ce principe d'une manière absolue, a fait observer d'abord que, relativement à une association, il y avait un droit fixe plus élevé que dans le cas où il n'y avait qu'un seul individu qui gérait; elle a ajouté que, s'il y avait là un certain avantage dans le cas d'association en nom collectif, elle pensait qu'il était utile, dans le désir d'encourager l'esprit d'association, de ne pas s'arrêter à ces avantages. Ces deux considérations m'ont déterminé à adhérer à la proposition de la commission. »

M. *Rivet* a poursuivi : « Il y a encore une autre considération qui a déterminé la commission, c'est qu'en général, quand une société existe, s'il y a des frais pour la représentation, pour le mouvement de certaines affaires, c'est toujours l'associé principal qui les fait. »

M. *Dufaure* a répondu : « Je crois que l'honorable M. Rivet se trompe; d'abord, les mots *associé principal* sont des mots qui entrent dans la loi pour la première fois et n'ont pas un sens bien déterminé. Dans une société en nom collectif, il peut y avoir trois, quatre associés en nom; il n'y a pas de raison pour que la représentation extérieure de la société se fasse plutôt chez l'associé dont le nom est le premier que chez l'associé dont le nom est le second ou le troisième.

« Je ne trouve pas la raison bonne; je dois ajouter cependant que si M. le ministre abandonne la disposition, je ne puis pas être plus rigoureux pour les intérêts du trésor qu'il ne l'est lui-même, et je n'ai point de proposition à faire. »

(1) « L'exemption accordée aux commis et personnes à gages semblerait, a dit M. *le rapporteur*, devoir s'étendre à tout individu qui transporte, qui vend des marchandises pour le compte d'un marchand ou d'un fabricant patenté; mais, s'il en était ainsi, tous les colporteurs se trouveraient exempts, car il leur serait toujours facile de justifier que les marchandises qu'ils transportent ne leur appartiennent pas et qu'ils les vendent pour le compte d'autrui. Or, cette industrie du colportage est l'objet des réclamations incessantes du commerce sédentaire. Sans doute, on ne peut nier qu'elle n'ait son genre d'utilité, puisqu'elle facilite l'écoulement des produits de nos manufactures et qu'elle tourne au profit des consommateurs en contribuant à l'abaissement des prix; mais il est impossible de ne pas reconnaître qu'elle cause les plus grands dommages aux marchands en boutique, lesquels supportent, outre les impôts directs, les octrois et toutes les charges municipales. Nous pensons donc qu'il convient d'approuver la disposition qui a pour but de soumettre les colporteurs à la patente, dans le cas même où ils exhiberaient le mandat d'un fabricant patenté. »

M. *Beaumont* (de la Somme) a demandé si, d'après cet article, les commis voyageurs des maisons françaises, soit de fabrique, soit d'autres, sont assujettis à la patente. « Ce serait, a-t-il dit, extrêmement onéreux pour ces maisons. »

M. *le rapporteur* a déclaré que la réponse était dans l'art. 12.

M. *le ministre des finances* a ajouté : « Les commis des maisons de commerce..... »

M. *Beaumont* (de la Somme) interrompant : « Je parle des commis voyageurs. »

« M. *le ministre des finances* a repris : « Les commis voyageurs plaçant sur échantillons ne sont pas imposés; mais les commis qui transportent des marchandises pour les vendre seront imposés. Si on n'avait pas introduit une pareille disposition, il n'est pas de colporteur qui ne fût devenu commis voyageur d'une maison. »

La réponse de M. le ministre est conforme à la lettre de l'art. 17, et à l'esprit qui a présidé à sa rédaction. Mais il faut avouer, toutefois, qu'il y a ici une contradiction avec le principe posé dans l'art. 7, qu'un commerçant qui exerce plusieurs industries n'est assujetti qu'à une seule patente. En effet, le fabricant qui, par des commis, fera transporter des marchandises paiera à la fois sa patente de fabricant et celle de colporteur.

19. Les commis voyageurs des nations étrangères (1) seront traités, relativement à la patente, sur le même pied que les commis voyageurs français chez ces mêmes nations.

20 (2). Les contrôleurs des contributions directes procéderont annuellement au recensement des imposables et à la formation des matrices de patentes.

Le maire (3) sera prévenu de l'époque de l'opération du recensement, et pourra as-

(1) Ces mots : *les commis voyageurs des maisons étrangères* n'ont pas paru assez clairs à M. le marquis *de Boissy*, il a demandé s'il faudrait y faire rentrer le commis voyageur français, qui voyagerait pour le compte d'une maison étrangère.

M. *le ministre des finances* a répondu : « Le but de l'article est d'établir une réciprocité complète ; et je dois dire que cet article est fait surtout en vue d'un pays voisin dans lequel les commis voyageurs pour le compte de la France sont assujettis à des droits très-élevés.

« Le sens de l'article ne me paraît pas laisser d'équivoque. Nous avons entendu par ces mots : *les commis voyageurs des nations étrangères* les commis voyageurs voyageant pour le compte des nations étrangères ; c'est dans ce cas que ces commis voyageurs seront assujettis au droit.

« Ce n'est pas la nationalité du commis voyageur que l'on considérera, mais la nationalité des affaires, si je puis m'exprimer ainsi, dont s'occupera le commis voyageur. C'est le système appliqué dans les autres pays que nous appliquerons par réciprocité. »

(2) M. *Béhaguel* a proposé de faire de la contribution des patentes un impôt de *répartition* ; à cet effet, il a présenté une série d'articles ainsi conçus :

« Art. 19. La contribution des patentes sera établie par voie de répartition entre les départements, les arrondissements, les communes et les contribuables, conformément aux dispositions de la présente loi et aux tableaux y annexés, sauf les modifications proportionnelles qu'il sera nécessaire de faire au tarif pour régler les contingents.

« Art. 20. Le montant total de la contribution des patentes sera déterminé annuellement par la loi de finances ; sa répartition entre les départements sera réglée tous les cinq ans par une loi.

« Dans l'année qui précédera celle où la loi de répartition devra être rendue, il sera procédé dans toutes les communes par les contrôleurs des contributions directes, assistés des maires ou de leurs délégués, à la formation du tableau présentant le nombre des patentables de chaque classe, le montant des valeurs locatives destinées à servir de base au droit proportionnel pour chacun d'eux, et le montant de la taxe à percevoir d'après les éléments et les dispositions de la présente loi. Ces tableaux, revêtus des observations des maires, seront réunis par départements par les directeurs de contributions directes, et transmis avec les observations des préfets au ministre des finances pour servir de base au projet de répartition.

« Art. 21. Le contingent assigné à chaque département sera réparti chaque année entre les arrondissements par le conseil général, et entre les communes par le conseil d'arrondissement.

« Des tableaux dressés conformément à ce qui est prescrit en l'article précédent, et revêtus des observations des maires et des sous-préfets, serviront de renseignements aux conseils généraux et d'arrondissement pour cette répartition.

« Art. 22. Les commissaires répartiteurs, assistés des contrôleurs des contributions directes, rédigeront dans chaque commune la matrice du rôle d'après laquelle le contingent de la commune sera réparti entre les patentables, conformément aux dispositions de la présente loi et aux tableaux y annexés, sauf toutes les modifications nécessaires, ainsi qu'il a été dit ci-dessus.

« Ils dresseront chaque année un état des mutations survenues pour cause de changement de domicile, de cessation de commerce ou de formation de nouveaux établissements, de passage des patentables d'une classe dans une autre, de diminution ou d'augmentation de valeurs locatives imposables.

« Dans le cas de changement de domicile, de cessation de commerce ou de formation de nouveaux établissements et de passage d'une classe dans une autre, la diminution ou l'accroissement de la matière imposable viendra en déduction ou en augmentation du contingent de la commune, de l'arrondissement et du département : il sera procédé à cet égard conformément à ce qui est réglé pour les contributions foncières et des portes et fenêtres ; dans les cas de construction nouvelle ou de démolition de maisons et d'usines, par l'art. 2 de la loi du 17 août 1835. »

La proposition de M. Béhaguel n'a pas été appuyée.

(3) M. *Corne* a proposé un amendement qui rendait l'assistance du maire obligatoire, de facultative qu'elle est.

Il a dit qu'il fallait assurer aux contribuables la garantie dont ils ont besoin, la garantie municipale. Cette garantie, a-t-il ajouté, ils la trouvent dans la présence du maire ou de ses délégués au moment même où se fait le recensement, au moment même où s'opère la formation des matrices.

M. *Benoist* a déclaré qu'il voyait aussi dans l'intervention du maire la garantie des patentables, la protection qu'ils ont droit d'attendre ; mais il y aurait, a-t-il dit, mille inconvénients à rendre cette intervention obligatoire, car si un maire refusait d'accompagner le contrôleur, l'opération serait viciée, et il pourrait même arriver que par le refus du maire, cette opération devînt impossible dans toute une commune.

M. *Lestiboudois* a ajouté : « L'amendement de M. Corne s'exprime ainsi :

« Le contrôleur des contributions directes, *assisté* « du maire ou de ses délégués, procéderont..., etc. »

« D'après ces termes, le maire coopère d'une manière active à l'opération. Le contrôleur lui fait part de sa pensée, le maire répond aux observations du contrôleur ; il s'élève entre eux une sorte de débat contradictoire qui se renferme nécessairement dans les termes mesurés que doit comporter une pareille opération ; mais il y a débat. Le maire assiste les agents du fisc, il procède avec eux, il est partie active dans l'opération. »

Mais M. Benoist dit :

« Le maire sera prévenu de l'époque du recensement, et il pourra, lorsqu'il jugera à propos, *assister à cette opération, etc.*

« J'aperçois une grande différence entre ces mots : *assister à l'opération*, comme dit M. Benoist, et *assister celui qui fait l'opération.*

« Je crois qu'en suivant littéralement l'expression de M. Benoist, on donnerait aux maires un rô..

sister le contrôleur dans cette opération, ou se faire représenter, à cet effet, par un délégué (1).

En cas de dissentiment entre les contrôleurs et les maires ou leurs délégués, les observations contradictoires de ces der-

passif, sans dignité ni utilité; ils verraient l'opération s'accomplir devant eux sans y prendre part; il pourrait arriver même qu'elle se terminât sans qu'ils la comprissent, ce serait réduire les maires à une position qui est trop au-dessous du poste qu'ils occupent, et leur intervention serait sans résultat utile, si on ne leur donnait pas une part active dans le recensement, si on ne soumettait pas réellement à leur contrôle efficace les propositions du contrôleur, lorsque celui-ci fait les appréciations. »

En conséquence, M. *Lestiboudois* a proposé de rédiger ainsi le paragraphe :

« Le maire sera prévenu de l'époque du recensement; il pourra assister le contrôleur dans ces opérations, ou se faire représenter à cet effet. »

Cette rédaction a été accueillie, et il n'est plus resté en question que le point de savoir si on mettrait le mot *pourra* ou le mot *devra*, c'est-à-dire si l'intervention du maire serait facultative ou obligatoire.

M. *le ministre des finances* a pensé que l'intervention devait être facultative.

« Je prie d'abord la Chambre de remarquer une chose, a-t-il dit. Dans notre système municipal actuel, un maire, pour conserver ses fonctions, a besoin de la confiance de ses concitoyens. Quand la loi lui accorde une faculté dans l'intérêt du contribuable, ce n'est pas seulement son devoir, c'est son intérêt qui le conduit à en user. Ainsi, vous devez penser qu'avec le mot *pourra* les maires seront suffisamment avertis d'assister les contrôleurs dans les opérations... »

Après une discussion, longue encore, mais sans intérêt, la Chambre s'est prononcée en faveur de l'assistance facultative.

Lors du vote sur l'ensemble de l'art. 20, M. *de Fontette* a demandé la parole pour faire une nouvelle observation qu'il importe de reproduire :

« Cette observation, a-t-il dit, exprimera une pensée que je crois commune à tout le monde; mais, en pareille matière, tout doit être bien constaté avant le vote, afin que, dans l'exécution de la loi, il ne s'élève aucun conflit fâcheux. »

« Lorsque, dans le deuxième paragraphe de l'article, la Chambre a décidé que l'intervention du maire dans la rédaction de la matrice serait facultative, non sans doute en ce sens qu'il ne fût dans le vœu de la loi que le maire intervînt toutes les fois qu'il y aurait la moindre apparence d'utilité pour les contribuables, mais en ce sens que l'absence de son intervention ne pût pas amener la nullité des opérations, il me semble évident que la Chambre n'a considéré cette intervention que sous un seul rapport, c'est-à-dire comme une garantie donnée à la fortune du contribuable contre les prétentions exagérées ou erronées des agents du trésor; mais qu'elle ne l'a pas considérée sous un autre rapport au moins aussi essentiel, je veux dire comme une garantie donnée à la personne même du citoyen, à l'inviolabilité de son domicile, dont la sécurité est l'un des éléments de la liberté individuelle elle-même.

« Il me semble donc que la Chambre n'a voulu innover en rien aux principes consacrés par diverses dispositions de nos lois, d'après lesquelles si un citoyen refusait l'entrée de son domicile à un agent du trésor, cet agent serait obligé de recourir à l'intervention soit du maire ou de l'adjoint, soit du commissaire de police, soit du juge de paix. Encore une fois, cela est bien entendu par tout le monde; mais j'ai pensé qu'il était bon de le bien constater, afin que, dans l'exécution de la loi, il ne s'élevât aucune espèce de conflit et de difficulté. »

La Chambre a répondu par des marques d'assentiment, et M. *ministre des finances* a dit :

« L'observation de l'honorable M. de Fontette est parfaitement fondée, et l'interprétation qu'il donne ne peut faire l'objet du moindre doute. »

(1) M. *Rivière de Larque* a demandé qu'aux mots : *par un délégué* on ajoutât ceux-ci : *pris dans le sein du conseil municipal.* « On donnerait ainsi, a-t-il dit, à ce délégué un caractère officiel, et le maire ne pourrait jamais désigner le premier venu pour le remplacer. »

M. *Odilon-Barrot* a appuyé l'amendement, en soutenant que le droit de déléguer est nécessairement subordonné à la qualité de celui auquel cette délégation est faite.

« En effet, a-t-il ajouté, il est impossible de ne pas reconnaître qu'il s'agit ici d'une attribution essentiellement municipale, car elle est tutélaire des droits du contribuable. Or, il est de principe qu'une autorité ne peut être déléguée par le maire qu'à un agent municipal ayant aussi reçu par l'élection le témoignage de la confiance des électeurs. Si donc il y a une délégation, je dis qu'il est impossible qu'elle ne soit pas faite à un membre du conseil municipal. »

M. *le ministre des finances* a soutenu qu'il était au contraire infiniment préférable de laisser entièrement au maire le choix du délégué. « Dans les grandes villes, a-t-il dit, ce serait très-difficile aux conseillers municipaux; il peut y avoir dans la commune des hommes spéciaux et particulièrement propres à cette opération. »

M. *le rapporteur* s'est aussi rangé de cet avis. Il a dit : « Avec la rédaction proposée, le maire serait dans l'impossibilité de prendre certaines personnes qui sont plus à même de bien connaître ces matières que les membres du conseil municipal. Ainsi, par exemple, un répartiteur est l'homme qui connaît le mieux la matière imposable de la commune; et, s'il n'est pas membre du conseil municipal, il ne pourra pas être délégué par le maire. »

M. *Dufaure* a aussi insisté pour le rejet de l'amendement de M. Rivière. Il a établi qu'il serait souvent très-difficile de trouver des conseillers municipaux qui pussent accepter la délégation du maire.

« Que résulte-t-il de là ? a-t-il ajouté, c'est qu'il faut se confier au représentant de la commune; il faut lui permettre de choisir qui il voudra; et le plus souvent la raison l'indique, le maire choisira les répartiteurs communaux; comme ils sont appelés tous les jours, pour la répartition de la contribution mobilière, à faire l'estimation des valeurs locatives, ils sauront le faire aussi bien que les contrôleurs.....

« Permettez donc au maire de choisir celui qui doit le remplacer, même parmi les répartiteurs communaux. En un mot, ayez confiance dans le maire; ne désignez personne; permettez-lui de choisir les délégués qui lui paraîtront les plus utiles,

niers seront consignées dans une colonne spéciale (1).

La matrice dressée par le contrôleur, sera déposée, pendant dix jours, au secrétariat de la mairie, afin que les intéressés puissent en prendre connaissance, et remettre au maire leurs observations. A l'expiration d'un second délai de dix jours, le maire, après avoir consigné ses observations sur la matrice, l'adressera au sous-préfet.

Le sous-préfet portera également ses observations sur la matrice, et la transmettra au directeur des contributions directes, qui établira les taxes conformément à la loi, pour tous les articles non contestés. A l'égard des articles sur lesquels le maire ou le sous-préfet ne sera pas d'accord avec le contrôleur, le directeur soumettra les contestations au préfet avec son avis motivé. Si le préfet ne croit pas devoir adopter les propositions du directeur, il en sera référé au ministre des finances (2).

Le préfet arrête les rôles et les rend exécutoires.

A Paris, l'examen de la matrice des patentes aura lieu, pour chaque arrondissement municipal, par le maire, assisté soit de l'un des membres de la commission des contributions, soit de l'un des agents attachés à cette commission, délégué à cet effet par le préfet (3).

21. Les patentés qui réclameront (4) contre la fixation de leurs taxes seront admis à prouver la justice de leurs réclamations, par la représentation d'actes de société

---

les plus capables de défendre les intérêts des contribuables ; il y est intéressé lui-même.

Tels sont les motifs pour lesquels je m'oppose à l'amendement de M. Rivière de Larque. »

L'amendement a été rejeté.

(1) Ce paragraphe a été ajouté sur la proposition de M. *Corne*.

Il résulte des explications qui ont été données à ce sujet que la consignation des observations du maire a pour but de constater les valeurs locatives et les autres bases du classement. Afin que ces observations puissent plus tard servir à apprécier à leur juste mérite, et les réclamations du patentable, et les avis des maires et sous-préfets. « De cette manière, a dit M. *Corne*, les éléments du débat sont recueillis et constatés sur les lieux mêmes de l'opération. »

M. *Benoist* a objecté qu'on exposait ainsi le maire à se mettre en contradiction avec lui-même, en exprimant une première opinion, et puis une seconde sur les réclamations présentées par le contribuable, aux termes du paragraphe suivant.

M. *Deslongrais* a répondu qu'il n'y avait là aucun inconvénient, parce que les nouvelles observations du maire sur les réclamations que les patentables pourront présenter après le dépôt de la matrice à la mairie, se basent sur des faits nouveaux, qui doivent être examinés, appréciés et jugés. « Ainsi, a-t-il ajouté, les deux dispositions, loin de s'exclure, de s'annuler, ou de faire double emploi, sont également utiles, rationnelles et indispensables à introduire dans la loi nouvelle. »

(2) M. *Corne* a proposé d'attribuer au préfet la juridiction qui est ici réservée au ministre des finances; cet amendement a été rejeté après une discussion longue et vive, mais qui n'a plus d'intérêt après le vote.

(3) Cette disposition n'existait pas dans le projet de loi ; elle a été admise par la Chambre des Députés sur la proposition de M. *Ganneron*.

M. *le ministre de l'intérieur* l'a combattue, en disant qu'elle avait pour effet de changer le caractère de l'organisation municipale de la ville de Paris. « Aujourd'hui, a-t-il ajouté, les fonctions municipales en matière d'impôt sont confiées aux préfets et aux commissaires répartiteurs institués par les arrêtés de l'an 3 et de l'an 4, et reconnus par les lois. Je crois que cet état de choses est de beaucoup préférable à celui que l'amendement de M. Ganneron veut établir. Peut-être faudrait-il le constater législativement, bien que l'art. 29 maintienne l'état de choses existant. Mais, quant à l'amendement de M. Ganneron, mon avis est qu'il changerait, sans profit pour l'intérêt des contribuables, l'état de choses actuel. »

M. *Odilon-Barrot* a répondu : « M. le ministre de l'intérieur aurait parfaitement raison s'il s'agissait de confier aux maires de Paris les travaux de la répartition ou de l'assiette de l'impôt. C'est là une grave question qu'il faudra pourtant aborder un jour, celle de savoir si, à la différence de tous les contribuables de France, il y a un million de contribuables dont l'impôt ne sera pas réparti par des citoyens pris dans leur sein, et qui soient indépendants de l'administration.

« Mais il ne s'agit pas, quant à présent, de la répartition de l'impôt direct, il s'agit seulement de l'acte de surveillance, du droit d'observation, du droit d'éclairer les agents mêmes de l'administration.

« Eh bien, croyez-vous que ce soit une perturbation dans le régime administratif que d'admettre les agents municipaux à assister les agents de l'administration, à les éclairer dans leur travail, à consigner leurs observations sur le registre, observations dont l'administration est juge en définitive? Ce que nous demandons a déjà été pratiqué en 1838; les maires de Paris ont été appelés à ces travaux officieusement, par la force des choses, par convenance. »

Un sous-amendement de M. *Vavin* disposait que le maire, en faisant l'examen de la matrice, serait assisté, non pas par l'un des agents de la commission des contributions, mais par trois commerçants pris dans la liste des notables.

M. Vavin voulait par là entourer les patentables d'une garantie nouvelle; mais la proposition n'a pas été accueillie.

(4) Le propriétaire d'une usine n'a pas, à ce titre, qualité pour réclamer, au nom de son gérant ou fermier, la décharge ou la réduction de la patente portée au nom de celui-ci. (Ord. du 15 juillet 1841, Mac., 1841, p. 369; Dalloz, 41. 3. 469.)

En général, les patentes étant personnelles, les tiers n'ont pas qualité pour réclamer au nom des patentables. (Ord. du 14 février 1834, Mac., 1834, p. 119.)

légalement publiés, de journaux et livres de commerce régulièrement tenus, et par tous autres documents (1).

22. Les réclamations en décharge ou réduction, et les demandes en remise ou modération (2), seront communiquées aux maires : elles seront d'ailleurs présentées, instruites et jugées dans les formes et délais prescrits pour les autres contributions directes (3).

---

(1) « Ces mots : *et par tous autres documents* ont été ajoutés, a dit M. *le rapporteur*, afin de donner aux réclamants une plus grande latitude et qu'ils ne fussent pas réduits à la représentation d'actes de société légalement publiés ou de livres de commerce régulièrement tenus. »

Lorsque le directeur des contributions refuse d'admettre une demande en décharge ou en réduction du droit proportionnel, le conseil de préfecture ne peut se refuser d'ordonner l'expertise sur la demande du réclamant, et cette expertise doit même être ordonnée avant faire droit. (Ord. du 9 mai 1838, Mac., 1838, p. 242 ; Dalloz, 39. 3. 95 ; — ord. du 7 juin 1836, Mac., 1836, p. 268 ; Dalloz, 37. 3. 133.)

La notoriété publique, en l'absence de toute preuve, ne suffit pas pour imposer un individu à la patente. (Ord. du 8 mars 1844, Mac., 1844, p. 129.)

Le refus fait par des individus patentés d'après la notoriété publique, de justifier de leur véritable profession par la production de leurs livres et registres, rend leurs réclamations non recevables ; cette production est obligatoire de leur part et non facultative. (Ord. du 30 août 1843, Mac., 1843, p. 494.)

(2) Il faut bien distinguer ce que l'on entend par *réclamations en décharge ou réduction* de ce que l'on entend par *demande en remise ou modération*.

La réclamation en décharge ou réduction est accordée au contribuable qui se croit surtaxé ; elle a pour but soit la décharge complète d'une patente à laquelle le réclamant aurait été imposé à tort, soit une diminution de la patente qui est due, soit une descente de classe, parce qu'il aurait été rangé dans une catégorie supérieure à celle à laquelle il appartient effectivement.

Ces réclamations sont adressées au préfet et jugées par le conseil de préfecture, sauf recours au conseil d'Etat. (Voy. loi du 26 mars 1831, art. 27 et suiv. ; loi du 21 avril 1832, art. 28 et suiv., et surtout loi du 24 floréal an 8, art. 1er et suiv.)

Les remises ou modérations sont accordées, dans le cas d'événements extraordinaires, au contribuable qui aurait éprouvé des pertes plus ou moins considérables ; les demandes en remise tendent à obtenir du préfet une part dans la distribution des sommes qui forment les fonds de non valeur et qui sont mises à sa disposition à cet effet.

Le préfet est, dans ce cas, seul compétent, et le conseil de préfecture ne pourrait, sans excéder ses pouvoirs, statuer sur des demandes de cette nature. (Ord. des 8 avril et 23 décembre 1842, Mac., 1842, p. 168 et 540.)

Ces demandes sont formées par voies de pétition. (Voy. loi du 24 floréal an 8, art. 24 et suiv.)

La médiocrité des bénéfices peut donner lieu à l'obtention d'une remise ou modération ; mais elle ne peut donner droit à une descente de classe. (Ord. du 24 avril 1837, Mac., 1837, p. 136 ; Dalloz, 38. 3. 47.)

Le conseil de préfecture ne peut, sans excéder ses pouvoirs, prononcer une réduction de droit proportionnel que le patentable n'a point réclamée. (Ord. 8 mars 1844, Mac., 1844, p. 132.)

(3) M. *Marchant* a proposé un paragraphe additionnel ainsi conçu :

« Dans le cas d'expertise des valeurs locatives servant de base au droit proportionnel des patentes, si les deux experts nommés conformément à l'art. 28 de la loi du 26 mars 1831 se trouvent partagés, ils appelleront un tiers-expert ; s'ils ne peuvent en convenir, le conseil de préfecture y pourvoira ; aucun agent de l'administration ne pourra être désigné. »

M. *Marchant* a appuyé sa proposition sur les considérations suivantes :

« L'expertise, a-t-il dit, n'est qu'un renseignement, mais souvent elle est un renseignement décisif, quand elle est entourée des formes qui en assurent la vérité et l'impartialité. Mais, pour porter ce caractère de vérité et de sincérité, il faut que cette décision soit l'œuvre ou de l'unanimité des experts ou au moins d'une majorité.

Or, quand deux experts ne sont pas d'accord sur l'appréciation qui leur est soumise, de quel poids voulez-vous que leur travail soit sur l'esprit des juges?

« Comment le conseil de préfecture trouverait-il dans ce rapport, qui reproduit l'opinion des deux parties sans se décider entre elles, l'élément d'une décision conforme à la vérité et à la justice?

« Que si, au contraire, l'expertise se complète par l'adjonction d'un tiers désintéressé dans la question, et apportant dans la balance le poids de son opinion raisonnée, n'est-il pas évident que cette opération plus parfaite exercera une juste influence sur la décision des juges, et que cette influence sera toute à l'avantage de la vérité?

« Cela ne nuit pas aux moyens de contrôle et d'appréciation par un agent supérieur de l'administration, si le conseil de préfecture ne se croit pas suffisamment éclairé par l'expertise ; cela n'enchaîne pas le conseil dans sa décision, mais évidemment cela contribue à assurer au réclamant une justice plus entière, à lui enlever les doutes que lui inspire la juridiction administrative. »

Le gouvernement et la commission ont cru devoir combattre cet amendement.

M. *le ministre des finances* a dit :

« L'amendement tend à dénaturer complétement tout le système en usage pour l'instruction des réclamations en matière d'impôt. Le législateur a toujours voulu que cette instruction se fît avec le moins de frais possible. Cela est si vrai, que le conseil de préfecture n'a pas le droit d'ordonner l'expertise si la partie ne la demande pas.

« La loi a voulu, et elle a eu raison, que l'instruction se fît vite et sans frais, parce qu'elle a senti que dans beaucoup de cas les contribuables s'arrêteraient, ne réclameraient pas dans la crainte des frais. Ainsi, au lieu d'une garantie donnée aux petits contribuables, ce serait une entrave apportée à leur droit.

« Maintenant qu'est-ce que c'est que l'expertise ? C'est une instruction qui a pour objet de mettre sous les yeux du conseil de préfecture les faits, les éléments d'une décision ; ce n'est pas du tout un arbitrage dont les experts sont chargés, c'est un supplément d'instruction qui met sous les yeux du

23. La contribution des patentes est due pour l'année entière, par tous les individus exerçant au mois de janvier une profession imposable (1).

En cas de cession d'établissement, la patente sera, sur la demande du cédant, transférée à son successeur; la mutation de cote sera réglée par arrêté du préfet.

En cas de fermeture des magasins, boutiques et ateliers, par suite de décès ou de faillite déclarée (2), les droits ne seront dus que pour le passé et le mois courant. Sur la réclamation des parties intéressées, il sera accordé décharge du surplus de la taxe.

Ceux qui entreprennent, après le mois de janvier, une profession sujette à patente, ne doivent la contribution qu'à partir du 1er du mois dans lequel ils ont commencé d'exercer, à moins que, par sa nature, la profession ne puisse pas être exercée pendant toute l'année. Dans ce cas, la contribution sera due pour l'année entière, quelle que soit l'époque à laquelle la profession aura été entreprise.

Les patentés qui, dans le cours de l'année, entreprennent une profession d'une classe supérieure à celle qu'ils exerçaient d'abord, ou qui transportent leur établissement dans une commune d'une plus forte population, sont tenus de payer au prorata un supplément de droit fixe (3).

Il est également dû un supplément de droit proportionnel par les patentables qui prennent des maisons ou locaux d'une valeur locative supérieure à celle des maisons ou locaux pour lesquels ils ont été primitivement imposés, et par ceux qui entreprennent une profession passible d'un droit proportionnel plus élevé.

Les suppléments seront dus à compter du 1er du mois dans lequel les changements prévus par les deux derniers paragraphes auront été opérés (4).

24. La contribution des patentes est payable par douzième, et le recouvrement en est poursuivi comme celui des contributions directes : néanmoins les marchands forains, les colporteurs, les directeurs de troupes ambulantes, les entrepreneurs d'amusements et jeux publics non sédentaires, et tous autres patentables dont la profession n'est pas exercée à demeure fixe, sont tenus d'acquitter le montant total de leur cote, au moment où la patente leur est délivrée.

Dans le cas où le rôle n'est émis que postérieurement au 1er mars, les douzièmes échus ne sont pas immédiatement exigibles : le recouvrement en est fait par portions égales, en même temps que celui des douzièmes non échus.

25. En cas de déménagement hors du ressort de la perception, comme en cas de vente volontaire ou forcée, la contribution des patentes sera immédiatement exigible en totalité (5).

Les propriétaires, et, à leur place, les

---

conseil de préfecture les éléments d'après lesquels il doit rendre sa décision. Une tierce-expertise amenerait des frais de plus, des complications de plus, et, en outre, elle ne lierait pas le conseil de préfecture, ce serait par conséquent un troisième avis ajouté aux deux autres.

« Dans le cas très-rare où les experts ne sont pas d'accord, la loi a pourvu à un moyen de fournir un supplément d'instruction sans frais pour les parties. Le conseil de préfecture n'est lié en rien par les avis des experts, ces expertises ne sont que des éléments d'instruction, et il n'y a pas la même nécessité que dans le cas où la tierce-expertise est un véritable arbitrage pour départager les voix. »

L'amendement a été rejeté.

Lorsque plusieurs individus sont assujettis à la patente à raison de la même cause, et qu'un seul a réclamé devant le conseil de préfecture, puis s'est pourvu devant le conseil d'Etat, les autres ne sont pas recevables à s'adjoindre au pourvoi, la demande de ces derniers n'étant pas susceptible d'être portée directement au conseil d'Etat. (Ord. 1er septembre 1841, Mac., 1841, p. 479; Dalloz, 41. 3. 506.)

(1) L'adjudicataire d'une coupe de bois de l'Etat adjugée à la fin d'une année pour être exploitée l'année suivante, doit la patente à compter du 1er janvier de l'année d'exploitation. (Ord. 3 mars 1837, Mac., 1837, p. 61; Dalloz, 37. 3. 131.)

(2) Mais, dans le cas de fermeture des magasins pour toute autre cause que le décès ou la faillite déclarée, la patente restera due pour l'année entière.

Les termes restrictifs du paragraphe conduisent à cette conséquence, conforme d'ailleurs à la jurisprudence du conseil d'Etat. (Voy. ord. du 10 février 1835, Mac., 1835, p. 95; Dalloz, 35. 3. 43.)

Il a été jugé aussi que l'entrepreneur de la construction d'une salle de spectacle ne peut demander une réduction pour l'année dans laquelle les travaux ont été terminés, quand même ils l'auraient été dans le mois de février. (Ord. du 27 juin 1838, Dalloz, 39. 3. 107.)

(3) Mais ils seraient non recevables à demander une décharge dans le cas où ils entreprendraient une profession d'une classe inférieure, ou dans le cas où ils transporteraient leur établissement dans une commune d'une population moindre. Cela est évident, puisque la décharge n'est pas même due au patentable qui cesse complétement son commerce, si ce n'est pour cause de décès ou de faillite. (Voy. la note précédente.)

(4) Ce paragraphe a été ajouté, sur la proposition de M. *Gulis*, dans le seul but de donner plus de clarté à l'article.

(5) M. *Barillon* a proposé d'intercaler dans ce paragraphe ces mots : « si le patenté ne s'est pas conformé aux dispositions de l'art. 23. »

Il a pensé que cette modification était nécessaire pour faire concorder le paragraphe qui nous occupe avec le second paragraphe de l'art. 23.

principaux locataires (1), qui n'auront pas, un mois avant le terme fixé par le bail ou par les conventions verbales, donné avis au percepteur (2) du déménagement de leurs locataires, seront responsables des sommes dues par ceux-ci pour la contribution des patentes.

Dans le cas de déménagements furtifs, les propriétaires, et, à leur place les principaux locataires, deviendront responsables de la contribution de leurs locataires, s'ils n'ont pas, dans les trois jours, donné avis du déménagement au percepteur.

La part de la contribution laissée à la charge des propriétaires ou principaux locataires par les paragraphes précédents, comprendra seulement le dernier douzième échu et le douzième courant, dus par le patentable (3).

26. Les formules de patentes sont expédiées par le directeur des contributions directes sur des feuilles timbrées de un franc vingt-cinq centimes (4). Le prix du timbre est acquitté en même temps que le premier douzième des droits de patente.

Les formules de patentes sont visées par

M. *Vitet* a repoussé cette proposition en ces termes :

« Il n'y a pas, a-t-il dit, de contradiction entre l'art. 23 et l'art. 25, comme le dit l'honorable M. Barillon.

« Dans l'art. 23, il est question de l'assiette de l'impôt, et, dans l'art. 25, il est question de la perception ; ce sont là deux ordres d'idées complétement différents, nous ne devons rien changer à la disposition de l'art. 23. Il n'y a rien non plus à changer à l'art. 25 ; car ces articles ne sont nullement en contradiction. Voici comment les choses se passeront.

« Lorsqu'il y aura mutation de cote entre le cédant et le cessionnaire, si le paiement a été opéré d'avance par le cédant, il ne sera rien demandé au cessionnaire ; il exhibera la quittance de son cédant, et le percepteur n'aura rien à exiger de lui.

« Pour ce qui concerne la faillite, point de contradiction.

« Quant à la vente forcée, il ne faut pas la confondre avec la faillite ; le commerçant, même après la vente forcée d'une partie de ses marchandises, peut continuer son commerce et rester patentable. Ainsi, ce n'est pas à lui que s'applique l'art. 23. Par conséquent, vous le voyez, les deux articles concordent parfaitement. »

(1) M. *Terme* a proposé de remplacer les mots : *les principaux locataires*, par ceux-ci : *les locataires généraux*.

« Cette substitution est sans doute peu importante, a-t-il dit ; cependant les mots *principaux locataires* peuvent s'appliquer à des locataires qui ne sous-louent pas. Ainsi on peut appeler principal locataire celui qui occupe la plus grande partie de l'immeuble loué, tandis que le mot *locataire général* est opposé au mot locataire partiel ; c'est donc pour rendre la rédaction plus claire que j'ai proposé l'expression de *locataires généraux* à la place de l'expression de *locataires principaux*.

M. *le rapporteur* a demandé que les mots *locataires principaux* restassent dans la loi, parce que, suivant lui, c'est l'expression légale. La proposition de M. Terme n'a pas eu d'autre suite.

(2) Le projet de la commission portait : « s'ils n'ont pas fait constater dans les trois jours le déménagement par le maire, le juge de paix ou le commissaire de police. » M. *de Chasseloup-Laubat* a proposé d'y substituer ces mots : « s'ils n'ont pas, dans les trois jours, donné avis du déménagement au percepteur. »

Il a dit à ce sujet : « Dans l'état actuel de la législation, les propriétaires et les principaux locataires ne sont pas responsables de l'impôt de la patente des locataires ; ce qu'on propose est donc une innovation : c'est l'application de la loi de 1832 sur la contribution mobilière qu'on veut faire à l'impôt des patentes. Cette innovation impose une nouvelle charge aux propriétaires, et cette responsabilité qu'on fait peser sur eux ne laisse pas que d'être assez grave, car il est souvent très-difficile de faire constater un déménagement furtif par le juge de paix ou par le maire. Je crois qu'il faut se borner à demander aux propriétaires une déclaration qu'ils devront faire au percepteur. »

L'amendement a été adopté. M. *Barillon* a proposé ensuite d'ajouter : *ou au maire*. « Dans les campagnes, a-t-il dit, le percepteur ne réside pas toujours dans la commune ; d'ailleurs il va en recette et ne reste chez lui qu'un jour par semaine. Je crois donc qu'il faut laisser aux patentables la faculté de faire la déclaration au maire. »

M. *de la Plesse* a dit : « Il est impossible que le maire soit chargé d'intervenir ici. » M. *le président* a fait observer que le paragraphe était voté ; la proposition de M. Barillon n'a pas eu de suite.

(3) Ce paragraphe a été ajouté sur la proposition de M. *Terme*, qui l'a justifié de la manière suivante :

« La loi dit que l'impôt sera payé par douzième ; il y aurait injustice, si, par suite de la négligence du percepteur, quelques douzièmes n'ayant pas été payés par le locataire, on en rendait le propriétaire responsable. Je demande donc qu'on limite la responsabilité du propriétaire au douzième courant et au douzième antérieur. Cette modification me paraît juste, et aussi dans l'intérêt du trésor public ; car le percepteur pourrait négliger, comptant sur la responsabilité du propriétaire, de faire rentrer l'impôt dû par le patentable.

« Cette addition que je propose rendra l'article plus clair et plus juste. »

(4) M. *Delespaul* a présenté un amendement dont le but était de réduire à trente-cinq centimes le timbre de la formule de patentes pour les petits patentables.

Cette proposition n'a pas été adoptée. M. le rapporteur l'avait combattue d'avance dans son rapport.

« Il semble au premier coup d'œil, a-t-il dit, qu'il y ait quelque injustice à exiger que tous les patentables paient 1 fr. 25 c. la feuille de papier sur laquelle est imprimée la patente. Pour un certain nombre d'entre eux, c'est presque moitié en sus de leur contribution totale. Pourquoi ne ferait-on pas varier le prix de la formule selon le chiffre de la contribution, soit en établissant un certain nombre de catégories, soit en réglant le prix au marc le franc de la contribution de chaque patentable ? Deux motifs s'y opposent : l'un, c'est que le tarif des derle maire et revêtues du sceau de la commune.

27. Tout patentable est tenu d'exhiber sa patente lorsqu'il en est requis par les maires, adjoints, juges de paix, et tous autres officiers ou agents de police judiciaire.

28. Les marchandises mises en vente par les individus non munis de patentes, et vendant hors de leur domicile, seront saisies ou séquestrées aux frais du vendeur, à moins qu'il ne donne caution suffisante jusqu'à la représentation de la patente ou la production de la preuve que la patente a été délivrée. Si l'individu non muni de patente exerce au lieu de son domicile, il sera dressé un procès-verbal qui sera transmis immédiatement aux agents des contributions directes.

29 (1). Nul ne pourra former de demande, fournir aucune exception ou défense en justice, ni faire aucun acte ou signification extrajudiciaire pour tout ce qui sera relatif à son commerce, sa profession ou son industrie, sans qu'il soit fait mention, en tête des actes, de sa patente, avec désignation de la date, du numéro et de la commune où elle aura été délivrée, à peine d'une amende de vingt-cinq francs, tant contre les particuliers sujets à la patente que contre les officiers ministériels qui auraient fait et reçu lesdits actes sans men-

---

nières classes est calculé en vue du prix uniforme des formules et qu'en fixant, par exemple, certains droits fixes à 2 ou 3 fr., il a été tenu compte de la somme de 1 fr. 25 c. qui devait y être ajoutée, en sorte que si le prix de la formule était abaissé pour les dernières classes, il y aurait lieu de rehausser le tarif, ce qui reviendrait au même pour le contribuable. En second lieu, si le coût des formules était proportionnel au taux des patentes, il en résulterait pour les forts patentables une telle addition de charges, qu'ils seraient en droit de réclamer une diminution dans le tarif.

(1) M. *Oger* a proposé un amendement tendant à supprimer la formalité de la mention de la patente dans les actes.

Il a appuyé sa proposition sur les considérations suivantes : « Dans le principe, lorsque les droits de patentes étaient perçus par le receveur de l'enregistrement, la formalité dont il s'agit pouvait être un moyen de vérifier si les patentables s'étaient pourvus ou non d'une patente ; mais, depuis la loi du 26 brumaire an 10, qui a chargé les percepteurs du recouvrement de cet impôt, elle est devenue sans objet. De plus, elle est la source d'une foule de difficultés et d'embarras qu'il convient de faire disparaître.

« Pour les parties, ce sont des entraves qu'il n'est pas toujours donné à la prévoyance d'arrêter et qui peuvent compromettre les intérêts les plus graves.

« Supposez qu'un négociant d'un département du nord se rende dans les départements de l'intérieur pour affaire de son commerce, et qu'il n'ait pas eu la précaution ou qu'il n'ait pas pu se munir de sa patente.

« S'il est obligé de faire quelques actes de justice, une mise en demeure ou tout autre acte, il ne pourra le faire, sous peine d'amende, à supposer encore qu'il trouve un officier ministériel qui consente, pour sauver les intérêts menacés, à encourir lui-même l'amende.

« Si les parties elles-mêmes éprouvent cet embarras, les officiers publics, qui ne peuvent refuser leur ministère, sont placés dans une situation plus pénible encore. Ils n'ont pas le moyen de vérifier si la partie qui se présente à eux est ou non pourvue d'une patente régulière. S'ils refusent leur ministère, ils peuvent être exposés à une responsabilité des plus graves et à une action en dommages et intérêts qui menace leur fortune. »

M. *Oger* a insisté ensuite sur l'inutilité évidente d'une pareille formalité, qui ne peut être qu'une bien faible garantie pour le trésor, au milieu de toutes les garanties qu'il trouve dans le zèle de ses employés et dans les moyens de recherche qui leur sont accordés. Il a terminé en rappelant à la Chambre qu'elle s'était déjà prononcée contre cette disposition dans la séance du 31 décembre 1831, à l'occasion d'une pétition qui lui avait été adressée par les notaires à ce sujet.

M. *Taillandier* et plusieurs autres orateurs ont appuyé l'amendement de M. Oger.

M. *le ministre des finances* l'a combattu en ces termes :

« J'ose dire qu'il n'y a pas de disposition dans la loi qui se justifie mieux que celle-là. Quel est le motif qui justifie l'impôt des patentes? C'est que l'industriel trouve dans les lois une protection pour l'industrie qu'il exerce, et qu'il est juste, en compensation, qu'il contribue aux charges qu'exige cette protection.

« Eh bien ! lorsqu'un individu exerce une profession qui échappe, par sa nature, à l'action des agents des contributions directes, car il y a des professions soumises à la patente, pour lesquelles il n'existe pas d'objets apparents susceptibles d'appeler l'attention, et lorsque cet individu, pour le fait de son commerce ou de sa profession, vient réclamer la protection des lois, le législateur lui dit : « Mais vous, qui vous adressez à moi pour que je protége vos intérêts, contribuez-vous comme les autres personnes qui exercent la même profession aux charges publiques ? » S'il répond : « Non ! » le législateur lui dit avec raison : « Mettez-vous en règle pour avoir droit à la protection de la loi, et imposez-vous les sacrifices que cette protection exige. »

« Quant aux officiers ministériels, évidemment c'est là la sanction de l'article. Les officiers ministériels connaissent la loi, et notre législation leur fait assez d'avantages pour qu'ils contribuent à son exécution. Lorsqu'un individu vient leur demander leur intervention pour des contestations en matière de commerce, ils sont assez éclairés pour déterminer la nature des affaires en raison desquelles on s'adresse à eux, et rien de plus simple que de les obliger à s'informer auprès de leurs clients s'ils sont en règle.

« C'est là, je le répète, la sanction de la loi. Je crois que c'est une chose bonne et utile, et que la Chambre n'hésitera pas à la consacrer. »

M. *le rapporteur* a aussi combattu l'amendement au nom de la commission ; il a dit qu'une foule de professions qui n'ont pas de caractères extérieurs

tion de la patente (1). La condamnation à cette amende sera poursuivie, à la requête du procureur du roi, devant le tribunal civil de l'arrondissement (2).

Le rapport de la patente ne pourra suppléer au défaut de l'énonciation, ni dispenser de l'amende prononcée.

30. Les agents des contributions directes peuvent, sur la demande qui leur en est faite, délivrer des patentes avant l'émission du rôle, après toutefois que les requérants ont acquitté entre les mains du percepteur les douzièmes échus, s'il s'agit d'individus domiciliés dans le ressort de la perception, ou la totalité des droits, s'il s'agit des patentables désignés en l'art. 24 ci-dessus, ou d'individus étrangers au ressort de la perception.

31. Le patenté qui aura égaré sa patente ou qui sera dans le cas d'en justifier hors de son domicile pourra se faire délivrer un certificat par le directeur ou par le contrôleur des contributions directes (3). Ce certificat fera mention des motifs qui obligent

---

échapperaient, par conséquent, à l'impôt, si le patentable n'avait intérêt à prendre sa patente, s'il n'était dans l'obligation de se faire porter sur les rôles; c'est là, suivant lui, le but de l'article. »

L'amendement de M. Oger a été rejeté.

Je ne sais si les prescriptions de l'art. 29 atteindront complétement le but qu'en attendent M. le ministre et M. le rapporteur; il est certain, dans tous les cas, qu'il en résultera plus d'inconvénients et de difficultés que d'avantages. M. Oger en a signalé un grand nombre, comme nous l'avons vu; et les remèdes que M. le ministre des finances a invoqués sont loin de me paraître efficaces. (Voy. la note sur l'art. 31.)

Il est certain, au surplus, que la loi paraissait depuis longtemps tombée en désuétude. Chaque jour des actes ne contenant pas la mention exigée passaient sous les yeux du ministère public, et le ministère public gardait le silence. Ce n'est que dans ces derniers temps que des poursuites ont eu lieu.

(1) La circonstance que l'une des parties n'est pas munie de la patente à laquelle elle est soumise n'autorise pas le notaire à refuser son ministère, et le notaire satisfait au vœu de la loi en se bornant à mentionner dans son acte que la patente n'a pas été prise. (Aix, 4 décembre 1835, Dalloz, 36. 2. 40; Journal du Palais, t. 27, p. 759; — trib. de la Seine, 18 novembre 1836, Dalloz, 37. 3. 137; — Angers, 4 avril 1838, Dalloz, 38. 2. 144, et 40. 2. 27.)

Toutes ces décisions me paraissent conformes à la raison, à l'esprit de la loi et à la force des choses; nul doute qu'elles ne doivent être suivies encore aujourd'hui. (Voy. toutefois Orléans, 5 avril 1836, Dalloz, 37. 2. 5; Journal du Palais, t. 27, p. 1228.)

(2) La prescription de deux ans est applicable aux contraventions dont il s'agit dans cet article. Voy. loi du 16 juin 1824, vol. 14.

(3) Cet article reçoit son application dans deux cas bien distincts.

Dans le premier cas, le patentable a égaré sa patente; il est à son domicile, il peut alors se faire délivrer un certificat par le directeur ou le contrôleur qui le connaît, et qui a dans ses mains la matrice des patentes. L'art. 39 de la loi de brumaire an 7 lui permettait même de requérir une seconde expédition dans ce cas.

Dans le second cas, le patentable est hors de son domicile; il a égaré ou oublié sa patente, et il a besoin d'en justifier. Pourra-t-il se faire délivrer un certificat par le directeur ou le contrôleur de l'endroit où il se trouvera? Il semble que cela est impossible. Comment ce directeur ou ce contrôleur qui ne le connaissent pas, qui n'ont pas dans leurs mains la matrice, pourraient-ils certifier qu'il est légalement inscrit au rôle des patentes?

On est donc conduit à dire que le patentable se trouvera obligé de venir réclamer le certificat dont il a besoin au directeur de son domicile, qui seul peut justifier le fait qu'il s'agit d'attester. Voilà ce qui semble incontestable; cependant la discussion très-longue, très-vive qui s'est élevée à ce sujet indique qu'il y a une autre ressource pour le patentable.

M. *Grandin*, en parlant sur l'art. 29, a dit :

« Supposez un négociant dans un port de mer, loin de son domicile. Il apprend que son débiteur va s'échapper. Il n'a pas sa patente; comment en fera-t-il mentionner le numéro dans l'exploit de l'huissier? Vous le mettez dans l'impossibilité de poursuivre son débiteur, parce qu'il n'a pas sa patente.

M. *le ministre des finances* a répondu : « Il peut se la procurer tout de suite. »

M. *Grandin* a répliqué : « Pas du tout. Je suis de Rouen, je me trouve à Bordeaux; j'apprends que mon débiteur contre lequel j'ai des titres exécutoires va s'embarquer. Je veux le faire arrêter, je n'ai pas ma patente, je me trouve donc dans l'impossibilité d'agir. »

M. *le ministre des finances* a insisté, en disant :

« M. Grandin veut-il me permettre de lui lire l'art. 31?

« Le patenté qui aura sa patente, ou qui sera « dans le cas d'en justifier hors de son domicile, « pourra se faire délivrer un certificat par le directeur « ou par le contrôleur des contributions directes... »

M. *Grandin* a dit de nouveau : « Comment le directeur des contributions directes de Bordeaux pourra-t-il donner un certificat à un patentable de Rouen? »

M. *le ministre des finances* a répondu : « Quand on le lui demande. »

Alors M. *Grandin* a, en quelque sorte, pris acte de la déclaration du ministre : « Je n'avais pas, a-t-il dit, ainsi compris l'article; mais s'il veut dire qu'on pourra exiger dans tous les pays où l'on se trouvera que le receveur des contributions directes donne un certificat, alors même qu'on n'aura aucune pièce à l'appui pour prouver son droit, je n'ai rien à dire; mais je ne crois pas que cela résulte de la lecture que M. le ministre des finances vient de faire. »

M. *le ministre des finances* a répété formellement : « Partout en France, un individu qui n'a pas sa patente peut y suppléer en se faisant délivrer un certificat.

« Ainsi, l'objection tombe d'elle-même, le fait sur lequel elle repose n'est pas exact. »

M. *Taillandier* a repris : « Mais un contrôleur des contributions directes ne pourra certifier la patente qu'autant qu'il aura la matrice. Et si un négociant est à cent lieues de chez lui, ce n'est pas devant le contrôleur du lieu où il se trouve par hasard qu'il pourra demander un certificat. Comment le contrôleur pourrait-il certifier une chose qu'il ne connaîtrait pas? »

M. *le ministre des finances* a encore une fois dit : « Je prie qu'on se reporte aux termes de l'art. 31. Le certificat est délivré sans autre frais que le timbre d'une formule de patente.

« Je prie la Chambre de se souvenir que la patente n'est exigée que pour une contestation relative à la profession et au commerce de l'individu.

« Par conséquent, cette contestation même fait connaître la nature du commerce et de la profession. L'individu demande un certificat (ce n'est pas la patente); il demande un certificat au moyen duquel l'omission est réparée. Il n'y a donc aucun obstacle à ce qu'on évite l'amende, lorsqu'en réalité on veut se conformer à la loi; et, quand on fraude la loi, il est de principe en législation que l'amende ne reste pas proportionnée au préjudice. C'est ainsi que, pour une fraude de quinze centimes de timbre, on peut quelquefois être passible d'une amende considérable. »

M. *Beaumont* (de la Somme) a répondu : « Je crois que le principe professé par M. le ministre aurait des conséquences très-graves. Voici pourquoi : c'est que s'il est permis à tout contrôleur de délivrer un certificat, il y a beaucoup de malhonnêtes gens qui pourraient aller à cent lieues demander ce certificat pour l'exploiter. Je crois qu'il est impossible qu'un contrôleur ou un directeur de contributions délivre un certificat de patente s'il n'a pas la matrice sous les yeux. »

Sur ces explications, les art. 29 et 30 ont été mis aux voix et adoptés; mais, lors de la discussion de l'art. 31, la difficulté a été de nouveau présentée.

M. *Taillandier* s'est exprimé en ces termes :

« M. le ministre des finances vient de dire que les directeurs et contrôleurs des contributions pouvaient délivrer des certificats de patente sur la simple attestation d'un individu qui se présentera devant eux, déclarant qu'il est patenté et a besoin d'un certificat de patente; et, sans que l'on ait vu la matrice du rôle, le contrôleur sera tenu de lui délivrer sa patente.

« Eh bien! je demande que, pour que les explications de M. le ministre des finances soient plus claires, on ajoute à ces mots : *ou par le contrôleur des contributions directes*, ceux-ci : *du lieu où se trouvera le négociant*. Car le directeur ou le contrôleur se refuserait très-certainement à délivrer, sur la déclaration du négociant, un certificat de patente s'il n'avait pas sous les yeux la matrice. Il faut expliquer clairement que le négociant qui a besoin d'un certificat de patente peut aller chez le contrôleur du lieu où il se trouve lui demander un certificat. »

M. *Guyet-Desfontaines* a ajouté : « Il me semble qu'on perd de vue le but que se propose la loi en exigeant de la part du commerçant, dans les actes où il procède à ce titre, l'énonciation de sa patente.

« M. le ministre des finances en donnait tout à l'heure la véritable explication, c'est de saisir, par ce moyen, le patentable qui ne se trouve pas en règle vis-à-vis du fisc.

« Le certificat dont on parle et qui est destiné à suppléer à la représentation de la patente, si le patentable l'a égarée, ou s'il se trouve éloigné de son domicile, a pour objet non pas de lui créer un titre, mais de constater sa déclaration, entre les mains d'un agent du fisc, de sa qualité de commerçant; de telle sorte que, par la voie des rapports administratifs, on arrive à coup sûr à l'imposer à la patente à laquelle il est assujetti.

« J'ai cru nécessaire de rappeler le véritable objet de ce certificat, qu'on me paraissait avoir perdu de vue dans les explications qui ont précédé. »

M. *le ministre des finances* a dit en outre : « L'article actuel est une modification à la loi de l'an 7. D'après la loi de l'an 7, les certificats pouvaient être délivrés également, mais c'était par les administrations municipales, et l'abus que l'honorable M. Taillandier signalait s'est produit quelquefois.

« Un individu venait réclamer un certificat près d'une administration municipale et en faisait profiter un autre individu. C'est précisément pour éviter cet inconvénient que nous avons proposé de faire délivrer ces certificats par les directeurs. Le directeur peut se faire rendre compte des motifs, car un individu n'a besoin de certificat hors de son domicile que lorsqu'il a une contestation commerciale à élever; le directeur s'en fait rendre compte, et c'est dans ce cas seulement qu'il délivre le certificat. »

M. *Taillandier* a repris : « J'ai demandé à expliquer par un fait comment je comprenais l'article; je prie M. le ministre de dire s'il le comprend de cette façon.

« Je suppose un négociant de Lille se trouvant à Paris, il n'a pas sa patente, il va chez le directeur des contributions à Paris, il fait une déclaration qu'il est patenté, mais qu'il n'a pas sa patente. »

M. *le président* interrompant : « Il demande un certificat *de sa déclaration*. »

M. *Taillandier* reprenant : « Il demande un certificat de sa déclaration.

« Eh bien! je demande s'il est entendu que le directeur de Paris, qui n'a pas la matrice de Lille sous les yeux, sera autorisé à lui délivrer, sur sa simple affirmation, une déclaration qu'il est inscrit au rôle des patentes. »

Ce serait la conséquence de ce qu'a dit M. le ministre des finances sur l'art. 29.

M. *le ministre des finances* a répondu : « C'est ainsi que cela doit être entendu; toutefois le contrôleur devra s'assurer de l'exactitude de la déclaration. »

« Comment? » s'est écrié M. *Beaumont*.

M. *le ministre* a continué : « Il ira trouver le notaire chez lequel il est question de faire un acte qui doit mentionner la profession de l'individu; en un mot, il exercera des investigations que les administrations municipales n'exerçaient pas sous l'ancienne législation. »

Le débat paraissait donc avoir clairement établi que le commerçant éloigné de son domicile pourrait faire sa déclaration devant le directeur ou le contrôleur du lieu où il se trouverait, et obtenir de lui le certificat au moyen duquel il suppléerait à la patente.

En conséquence M. *Galis* a proposé de dire expressément : « Le patentable qui aura, etc... pourra se faire délivrer un certificat par le directeur des contributions du lieu où il se trouvera. »

« La commission consent, » a dit M. Taillandier.

M. *le président* a ajouté : « M. Taillandier propose de placer à la fin du premier paragraphe les mots : *du lieu où il se trouvera*. »

M. *Rivet* a répondu : « Cela ne se peut pas; le certificat ne peut être délivré que par le contrôleur qui a la matrice. »

le patenté à le réclamer, et devra être sur papier timbré (1).

32. Il est ajouté au principal de la contribution des patentes cinq centimes par franc, dont le produit est destiné à couvrir les décharges, réductions, remises et modérations, ainsi que les frais d'impression et d'expédition des formules des patentes.

En cas d'insuffisance des cinq centimes, le montant du déficit est prélevé sur le principal des rôles.

Il est en outre prélevé sur le principal huit centimes, dont le produit est versé dans la caisse municipale (2).

33. Les contributions spéciales destinées à subvenir aux dépenses des bourses et chambres de commerce, et dont la perception est autorisée par l'art. 11 de la loi du 23 juillet 1820 seront réparties sur les patentables des trois premières classes du tableau A annexé à la présente loi, et sur ceux désignés dans les tableaux B et C, comme passibles d'un droit fixe égal ou supérieur à celui desdites classes.

Les associés des établissements compris dans les classes et tableaux susdésignés contribueront aux frais des bourses et chambres de commerce.

34. La contribution des patentes sera établie conformément à la présente loi, à partir du 1er janvier 1845.

35. Toutes les dispositions contraires à la présente loi seront et demeureront abrogées, à partir de la même époque, sans préjudice des lois et des réglements de police qui sont ou pourront être faits (3).

C'était remettre en question ce qui était décidé. Et M. *Taillandier* a dit avec raison : « Alors, vous n'êtes pas d'accord avec M. le ministre des finances. »

M. *Grandin* a demandé, comme modification, qu'on pût se faire délivrer un certificat de sa déclaration. « Et on ajouterait, a-t-il dit : « lequel « certificat ne pourra être bon que pour la journée « où il aura été délivré. »

M. *le rapporteur* a dit : « Lisez la phrase suivante : *Ce certificat fera mention des motifs qui obligent le patenté à le réclamer.* Qu'avez-vous besoin de plus ? Nous créons pléonasme sur pléonasme ; tout à l'heure nous avons dit un véritable non-sens. »

M. *Taillandier* a repris : « Il ne s'agit pas de pléonasme, car la Chambre vient de voir que M. Rivet comprenait l'article autrement que M. le ministre des finances. »

M. le président a mis aux voix l'amendement de M. Taillandier. Peu de membres se sont levés, soit pour, soit contre. L'épreuve a été renouvelée, et l'amendement a été rejeté.

Que faut il conclure de là ?

Si le directeur ou le contrôleur auquel s'adressera le négociant a dans les mains la matrice des patentes, nul doute qu'il ne puisse délivrer le certificat qui lui est demandé.

Mais s'il ne connaît pas le réclamant qui se trouve loin de son domicile, s'il n'a pas la matrice, il est matériellement impossible qu'il puisse certifier un fait dont il n'a point connaissance. Pour avoir un certificat qui puisse remplacer la formule de patente qui a été perdue, ou que le négociant n'a pas sur lui, il faut nécessairement que le négociant s'adresse au directeur de son domicile.

Mais le patentable, qui se trouvera ainsi loin de son domicile, sera-t-il dans l'impossibilité de faire aucun acte judiciaire ou extrajudiciaire, s'il n'a pas avec lui sa patente ? Cela ne serait ni raisonnable ni juste. Aussi les explications données par M. le ministre des finances et par plusieurs Députés ne permettent pas de penser que telle ait été l'intention de la Chambre. Le négociant pourra s'adresser au directeur de l'endroit où il se trouvera, lui exposer sa position, et se faire délivrer par lui, non pas un certificat de patente, mais un *certificat de sa déclaration*, qui servira pour la circonstance.

Cette formalité aura pour effet de mettre l'administration à même de constater par la voie des rapports administratifs si le négociant est réellement imposé, et il serait absurde autant qu'inique de condamner à l'amende le négociant qui aurait rempli toutes ces formalités avec bonne foi, et qui aurait ainsi fait tout ce que le fisc peut exiger.

(1) Le projet de loi exigeait que le certificat fût délivré sur papier timbré du même prix que celui de la formule. M. *Lescot de la Millanderie* a proposé, dans l'intérêt des petits patentables, de déclarer que le certificat serait simplement sur papier timbré.

M. *le ministre des finances* a dit n'avoir aucune objection à faire à cet amendement. « Ce sera, a-t-il ajouté, à l'administration de veiller à ce qu'on ne présente pas comme égarée une patente qui n'aurait pas été prise. »

L'amendement a été adopté.

(2) Le projet de loi ne donnait aux communes qu'une part éventuelle ; l'art. 32 leur accorde, au contraire, l'attribution fixe de huit centimes pour cent sur le produit des patentes. Cette modification a été apportée par la Chambre des Députés, sur la proposition de MM. *David* et *de la Plesse*.

M. *le ministre des finances* est convenu qu'il ne peut résulter de ce système aucun préjudice pour le trésor ; peu d'objections sérieuses lui ont été opposées, et il a été adopté après une discussion sans intérêt.

(3) Les derniers mots de cet article ont été ajoutés sur la proposition de M. Mermilliod.

M. *Mermilliod* entendait par là conserver les dispositions spéciales qui peuvent être d'une grande importance. M. *le ministre des finances* a déclaré n'avoir aucune objection à élever, et M. *Taillandier* a fait observer que la disposition proposée pouvait être nécessaire.

« Ainsi, a-t-il dit, on a déjà voté des dispositions relatives aux herboristes-droguistes. La loi de germinal an 11 ne reconnaît pas d'herboristes-droguistes vendant des plantes indigènes. Par conséquent, pour qu'il n'y ait pas d'équivoque, la proposition de M. Mermilliod doit être adoptée. »

Tableau A. — *Tarif général des professions imposées eu égard à la population.*

CLASSES.	DE 100,000 âmes et au-dessus.	DE 50,000 à 100,000.	DE 30,000 à 50,000.	DE 20,000 à 30,000.	DE 10,000 à 20,000.	DE 5,000 à 10,000.	DE 2,000 à 5,000.	DE 2,000 âmes et au-dessous.
	fr.	fr.	fr.	fr.	fr.	fr.	fr.	fr.
1re.	300	240	180	120	80	60	45	35
2e.	150	120	90	60	45	40	30	25
3e.	100	80	60	40	30	25	22	18
4e.	75	60	45	30	25	20	18	12
5e.	50	40	30	20	15	12	9	7
6e.	40	32	24	16	10	8	6	4
7e.	20	16	12	8	*8	*5	*4	*3
8e.	12	10	8	6	*5	*4	*3	*2

Le signe * veut dire : exemption du droit proportionnel.

Sont réputés :

Marchands en gros, ceux qui vendent habituellement aux marchands en demi-gros et aux marchands en détail ;

Marchands en demi-gros, ceux qui vendent habituellement aux détaillants et aux consommateurs (1) ;

Marchands en détail, ceux qui ne vendent habituellement qu'aux consommateurs.

---

(1) Voy. notes sur l'art. 3, p. 3.

La distinction des marchands en *demi-gros* est une innovation de la loi nouvelle.

Cette innovation a soulevé une vive opposition dans la Chambre. Plusieurs membres ont prétendu que la définition du *demi-gros* manquait de netteté et de précision, et qu'elle pourrait, en conséquence, donner lieu à beaucoup de difficultés dans la pratique.

Le mot *habituellement* a surtout été l'objet des critiques.

M. *Taillandier* a manifesté la crainte que les négociants vendant en gros ou en demi-gros une ou deux fois par an, les marchandises qui forment ce que l'on appelle des fonds de magasins, ne soient compris par le fisc dans la classe des *demi-gros*.

« Un négociant en soieries, par exemple, a-t-il dit, ou en nouveautés, qui, de temps à autre, selon les habitudes de son commerce, vendra en gros une partie de marchandises dont il n'aura plus besoin, pourra être très-certainement rangé, par les agents du fisc, dans la classe du gros ou du demi-gros.

« Eh bien! je suppose que ce marchand aille devant la justice administrative ; elle fera ce que fait la justice ordinaire. Elle lui dira : Dans une série de trois ou quatre années, vous avez vendu différentes fois à des détaillants ; donc, vous êtes marchand en demi-gros. Il en est de même de l'habitude de l'usure. Lorsque, devant un tribunal, on prouve qu'un individu, dans le cours de trois ou quatre années, a fait quelques opérations d'usure, on lui dit : Vous commettez habituellement le délit d'usure. Vous pouvez être sûrs que la loi ne sera pas entendue dans un sens restrictif, mais qu'on en étendra les dispositions. »

De vives dénégations se sont élevées contre l'opinion de M. Taillandier, et M. *Lebobe* lui a répondu :

« Je suis bien convaincu qu'il n'y aura pas une seule fois confusion entre le gros et le demi-gros. La distinction est facile à faire. Habituellement, les commerçants, et surtout les marchands de nouveautés, réunissent leurs marchandises passées de mode, et qui sont pour la plupart destinées à l'exportation ; lorsqu'un détaillant aura agi de cette manière, on ne prétendra point qu'il fait habituellement le commerce de demi-gros; il ne dérogera point à sa classe par cette unique opération. »

M. *Ternaux* a, de son côté, contesté les difficultés que M. Taillandier avait vues dans l'application de cette disposition : « La justice administrative, a-t-il dit, continuera de faire ce qu'elle fait actuellement. Le conseil d'Etat a plusieurs fois prononcé sur des contestations de ce genre. Lorsqu'il s'agit de savoir, par exemple, si un marchand de fer est un marchand de fer en gros, on examine les faits. Ainsi, dans une espèce qui lui a été soumise, le conseil d'Etat a déclaré qu'on ne devait pas considérer comme marchand de fer en gros le marchand qui a fait la majeure partie de ses ventes en détail, et qui ne vend en gros qu'accidentellement. Il y avait eu quinze ventes considérables et cinq cents ventes minimes, on lui a appliqué le plus faible droit.

« Il a également décidé qu'on ne pouvait pas considérer comme marchands de toiles en gros ceux qui vendent des toiles à la pièce, mais dont le commerce a lieu habituellement en détail.

« Vous voyez que cette appréciation a déjà été faite par la justice administrative. »

M. *Rivet* a encore ajouté : « Je chercherai à tranquilliser M. Taillandier en lui démontrant que le mot *habituellement* a été entendu non pas seulement relativement à la forme et au genre habituel, mais même au but des opérations de commerce.

« C'est comme cela que le conseil d'Etat l'a interprété ; et, pour mon compte, je serais heureux qu'il ressortît de la discussion qui vient d'avoir lieu que c'est ainsi que la Chambre entend la distinction qui a été introduite des trois catégories des

PREMIÈRE CLASSE.

Aiguilles à coudre et à tricoter (Marchand d') en gros.
Bas et bonneterie (Marchand de) en gros.
Beurre frais ou salé (Marchand de) en gros.
Blondes (Marchand de) en gros.
Bois à brûler (Marchand de). — Celui qui, ayant chantier ou magasin, vend au stère, ou par quantité équivalente ou supérieure.
Bois de marine ou de construction (Marchand de).
Bois merrain (Marchand de) en gros. — S'il vend par bateau ou charrette.
Bois de sciage (Marchand de) en gros.
Bronzes, dorures et argentures sur métaux (Marchand de) en gros.
Cachemires de l'Inde (Marchand de).
Caisse d'escompte (Tenant).
Caisse ou comptoir d'avances ou de prêts (Tenant).
Caisse ou comptoir de recettes et de paiements (Tenant).
Châles (Marchand de) en gros.
Changeur de monnaies.
Chapeaux de paille (Marchand de) en gros.
Chapellerie (Marchand de matières premières pour la).
Charbon de bois (Marchand de) en gros.
Chiffonnier en gros.
Cloutier (Marchand) en gros.
Coton en laine (Marchand de) en gros.
Coton filé Marchand de) en gros.
Crin frisé (Marchand de) en gros.
Cristaux (Marchand de) en gros.
Cuirs en vert étrangers (Marchand de) en gros.
Cuirs tannés, corroyés, lissés, vernissés (Marchand de) en gros.
Denrées coloniales (Marchand de) en gros.
Dentelles (Marchand de) en gros.
Diamants et pierres fines (Marchand de).
Droguiste (Marchand) en gros.
Eau-de-vie (Marchand d') en gros.
Épicerie (Marchand d') en gros.
Escompteur.
Fanons ou barbes de baleine (Marchand de) en gros.
Fer en barres (Marchand de) en gros. — Celui qui vend habituellement par parties d'au moins cinq cents kilogrammes.
Fleurets et filoselle (Marchand de) en gros.
Fromages secs (Marchand de) en gros.
Fruits secs (Marchand de) en gros.
Graines fourragères, oléagineuses et autres (Marchand de) en gros.
Horlogerie (Marchand en gros de pièces d').
Huiles (Marchand d') en gros (1).
Inhumations et pompes funèbres (Entreprise des) dans les villes autres que Paris.
Laine brute ou lavée (Marchand de) en gros.
Laine filée ou peignée (Marchand de) en gros.
Liége brut (Marchand de) en gros.
Lin ou chanvre brut ou filé (Marchand de) en gros.
Liqueurs (Marchand de) en gros.
Merceries (Marchand de) en gros.
Métaux (Marchand de) en gros, autres que l'or, l'argent, le fer en barres et la fonte.
Miel et cire brute (Marchand expéditeur de).
Mine de plomb (Marchand de) en gros.
Octroi (Adjudicataire des droits d').
Œufs (Marchand expéditeur d').
Os pour la fabrication du noir animal (Marchand d') en gros.
Papetier (Marchand) en gros.
Parfumeur (Marchand) en gros.
Pastel (Marchand de) en gros.
Peaussier (Marchand) en gros.
Pelleteries et fourrures (Marchand de) en gros. — S'il tire habituellement des pelleteries de l'étranger, ou s'il en envoie.
Pendules et bronze (Marchand de) en gros.
Pierres fines (Marchand de).
Planches (Marchand de) en gros.
Plume et duvet (Marchand de) en gros.
Poisson salé, mariné, sec et fumé (Marchand de) en gros.
Porcelaine (Marchand de) en gros.
Quincailleries (Marchand de) en gros.
Résines et autres matières analogues (Marchand de) en gros.
Rogues ou œufs de morue (Marchand de) en gros.
Rubans pour modes (Marchand de) en gros.
Safran (Marchand de) en gros.
Sangsues Marchand de) en gros.
Sel (Marchand de) en gros.
Soie (Marchand de) en gros.
Soies de porc ou de sanglier (Marchand de) en gros.
Sucre brut et raffiné (Marchand de) en gros.
Suif fondu (Marchand de) en gros.
Tabac (Marchand de) dans le département de la Corse, en gros.
Tabac en feuilles (Marchand de).
Teinture (Marchand en gros de matières premières pour la).
Thé (Marchand de) en gros.
Tissus de laine, de fil, de coton ou de soie (Marchand de) en gros.
Ventes à l'encan (Directeur d'un établissement de).
Verres blancs et cristaux (Marchand de) en gros.
Vinaigre (Marchand de) en gros.
Vins (Marchand de) en gros (2). — Vendant habituellement des vins par pièces ou paniers de vins fins, soit aux marchands en détail, soit aux cabaretiers, soit aux consommateurs.

---

marchands en gros, en demi-gros et en détail. »

De toutes ces explications, on peut, il me semble, tirer cette conclusion : que c'est à l'objet principal des opérations d'un négociant qu'il faut s'attacher pour savoir dans quelle catégorie il doit être classé.

Ainsi, sera considéré comme marchand *en gros*, celui qui aura pour but principal de faire des ventes en gros, quand bien même il aurait fait accidentellement quelques ventes en détail.

Sera considéré comme marchand *en détail*, celui dont le but principal sera de vendre aux consommateurs, quand même il aurait fait quelques ventes en gros.

Et sera considéré comme marchand *en demi-gros*, celui qui aura pour but principal de vendre à la fois aux détaillants et aux consommateurs.

Ces principes étaient déjà consacrés par la jurisprudence. (Voy. ord. du 10 février 1835, Mac., 1835, p. 93 ; Dalloz, 35. 3. 41.)

(1) L'épurateur d'huiles qui, au lieu d'épurer pour autrui, achète des huiles brutes pour les revendre, doit être considéré comme marchand en gros. (Ord. du 6 janvier 1837, Mac., 1837, p. 2 ; Dalloz, 38. 3. 206.)

(2) L'individu qui a pris une licence de marchand de vins en gros, et qui ne justifie pas que les vins par lui vendus proviennent de ses récoltes

DEUXIÈME CLASSE.

Abattoir public (Concessionnaire ou fermier d').
Aiguilles à coudre et à tricoter (Marchand d') en demi-gros.
Bas et bonneterie (Marchand de) en demi-gros.
Bijoutier (Marchand fabricant) ayant atelier et magasin.
Blondes (Marchand de) en demi-gros.
Bois à brûler (Marchand de). — Celui qui, n'ayant ni chantier ni magasin, vend sur bateau ou sur les ports, au stère ou par quantité équivalente ou supérieure.
Bois de teinture (Marchand de) en demi-gros.
Carrossier (Fabricant).
Chapeaux de paille (Marchand de) en demi-gros.
Charbon de terre épuré ou non (Marchand de) en gros.
Cloutier (Marchand) en demi-gros.
Condition pour les soies (Entrepreneur ou fermier d'une).
Crin frisé (Marchand de) en demi-gros.
Cristaux (Marchand de) en demi-gros.
Dentelles (Marchand de) en demi-gros.
Diorama, Panorama, Néorama, Géorama (Directeur de).
Droguiste (Marchand) en demi-gros.
Eau-de-vie (Marchand d') en demi-gros.
Entrepôt (Concessionnaire, exploitant ou fermier des droits d'emmagasinage dans un).
Entreprise générale du balayage, de l'arrosage ou de l'enlèvement des boues.
Epiceries (Marchand d') en demi-gros.
Fanons ou barbes de baleine (Marchand de) en demi-gros.
Fleurets et filoselle (Marchand de) en demi-gros.
Huiles (Marchand d') en demi-gros.
Joaillier (Fabricant et marchand) ayant atelier et magasin.
Laine filée ou peignée (Marchand de) en demi-gros.
Lin ou chanvre brut ou filé (Marchand de) en demi-gros.
Merceries (Marchand de) en demi-gros.
Métaux (Marchand en demi-gros de) autres que l'or, l'argent, le fer en barres, la fonte.
Nouveautés (Marchand de).
Omnibus et autres voitures semblables (Entreprise d').
Or et argent (Marchand d').
Orfèvre (Marchand fabricant) avec atelier et magasin.
Quincaillier en demi-gros.
Rubans pour modes (Marchand de) en demi-gros.
Sel (Marchand de) en demi-gros.
Serrurerie (Marchand expéditeur d'objets de).
Soie (Marchand de) en demi-gros.
Soies de porc ou de sanglier (Marchand de) en demi-gros.
Sucre brut et raffiné (Marchand de) en demi-gros.
Suif fondu (Marchand de) en demi-gros.
Thé (Marchand de) en demi-gros.
Tissus de laine, de fil, de coton ou de soie (Marchand de) en demi-gros.
Verres blancs et cristaux (Marchand de) en demi-gros.
Verroterie et gobeleterie (Marchand de) en demi-gros.

TROISIÈME CLASSE.

Affineur d'or, d'argent ou de platine.
Agréeur.
Ardoises (Marchand d') en gros. — Celui qui expédie par bateaux ou voitures.
Bâtiments (Entrepreneur de).
Bazar de voitures (Tenant).
Bijoutier (Marchand) n'ayant point d'atelier.
Bimbelotier (Marchand) en gros.
Bœufs (Marchand de).
Bois de sciage (Marchand de). — Si, ayant chantier ou magasin, il ne vend qu'aux menuisiers, ébénistes, charpentiers et aux particuliers.
Bois d'ébénisterie (Marchand de).
Bois en grume ou de charronnage (Marchand de).
Bouchons (Marchand de) en gros.
Broderies (Fabricant et marchand de) en gros.
Caractères d'imprimerie (Fondeur de).
Carton ou carton pierre (Marchand fabricant d'ornement en pâte de).
Châles (Marchand de) en détail.
Chocolat (Marchand de) en gros.
Cidre (Marchand de) en gros.
Comestibles (Marchand de).
Confiseur (1).
Conserves alimentaires (Marchand de).
Coraux (Préparateur de).
Coraux bruts (Marchand de).
Cuirs en vert du pays (Marchand de) en gros.
Déménagements (Entrepreneur de). — S'il a plusieurs voitures.
Distillateur-liquoriste.
Droguiste (Marchand) en détail (2).
Eau filtrée ou clarifiée et dépurée (Entrepreneur d'un établissement d').
Encre à écrire (Fabricant marchand en gros d').
Eponges (Marchand d') en gros.
Equipements militaires (Marchand d'objets d').
Essayeur pour le commerce.
Fer en meubles (Marchand de).
Fondeur d'or et d'argent.
Fruits secs (Marchand de) en demi-gros.
Gantier (Marchand fabricant).

---

doit être imposé à la patente de marchand de vins en gros. (Ord. du 19 avril 1838, Mac., 1838, p. 221 ; Dalloz, 39. 3. 38.)

(1) M. *Taillandier* a proposé de distinguer deux catégories de confiseurs, les *confiseurs fabricants*, qu'on aurait maintenus dans la troisième classe, et les *confiseurs détaillants*, qu'on aurait placés dans la cinquième.

Cet amendement n'a pas été appuyé.

(2) On a demandé la suppression de ces mots : *droguiste* (*marchand en détail*), par le motif que le commerce de drogues en détail et en demi-gros est interdit par l'art. 33 de la loi du 21 germinal an 11.

Après une discussion longue et vive, et un renvoi à la commission, la commission a établi qu'il existait sept à huit cents droguistes en détail qui avaient payé patente jusqu'à présent ; que leur commerce ne tombait point sous le coup de la loi de germinal an 11, parce qu'ils se bornaient à vendre des drogues simples, *non médicamenteuses* et autrement qu'au poids médicinal, et que telle est la jurisprudence. (Cassation, 11 août 1838, Journal du Palais, 1839, t. 1, p. 17.)

La proposition a été rejetée.

Glacier-limonadier.
Halles, marchés et emplacements sur les places publiques (Fermier ou adjudicataire des droits de).
Harpes (Facteur et marchand de), ayant boutique ou magasin.
Horloger.
Hôtel garni (Maître d'), tenant un restaurant à la carte.
Houblon (Marchand de) en gros.
Hydromel (Fabricant et marchand d').
Imprimeur-libraire.
Imprimeur-typographe.
Jambons (Marchand expéditeur de).
Joaillier (Marchand), n'ayant point d'atelier.
Lattes (Marchand de) en gros.
Libraire-éditeur.
Linger (Fournisseur).
Liqueurs (Fabricant de).
Marbre (Marchand de) en gros.
Modes (Marchand de).
Nacre brute (Marchand de).
Navires (Constructeur de).
Orfèvre (Marchand), sans atelier.
Pâtissier expéditeur.
Pavage des villes (Entrepreneur de).
Pendules et bronzes (Marchand de) en détail.
Pharmacien (1).
Pianos et clavecins (Facteurs et marchands en boutique ou magasin de).
Plaqué ou doublé d'or et d'argent (Fabricant et marchand d'objets en).
Plume et duvet (Marchand de) en détail.
Plumes à écrire (Marchand expéditeur de).
Poisson salé, mariné, sec et fumé (Marchand de) en demi-gros.
Restaurateur à la carte.
Saleur de viandes.
Sarraux ou blouses (Marchand de) en gros.
Sellier-carrossier.
Soie (Marchand de) en détail.
Soudes végétales indigènes (Marchand en gros de).
Tabletterie (Marchand de matières premières pour la).
Tailleur (Marchand) avec magasin d'étoffe.
Tapis de laine et tapisseries (Marchand de).
Tissus de laine, de fil, de coton ou de soie (Marchand en détail de).
Tournerie de Saint-Claude (Marchand expéditeur d'articles de).
Tourteaux (Marchand de).
Voilier (pour son compte).

QUATRIÈME CLASSE.

Agence ou bureau d'affaires (2) (Directeur d').
Aiguilles à coudre et à tricoter (Marchand d') en détail).
Alambics et autres grands vaisseaux en cuivre (Fabricant ou marchand d').
Anchois (Saleur d').
Apparaux (Maître d').
Appréciateur au mont-de-piété.
Aubergiste (3).
Bacs (Fermiers de) pour un fermage de mille francs et au-dessus.
Baleines (Marchand de brins de).
Bas et bonneteries (Marchand de) en détail.
Billards (Fabricant de) ayant magasin.
Blondes (Marchand de) en détail.
Bois de teinture (Marchand de) en détail.
Boisselier (Marchand) en gros.
Bottier (Marchand).
Boucher (Marchand).
Boules à teinture (Fabricant de).
Brodeurs sur étoffes, en or et en argent.
Bronzes, dorures et argentures sur métaux (Marchand de) en détail.
Cafetier (4).
Caoutchouc (Fabricant ou marchand d'objets confectionnés ou d'étoffes garnies en).
Cartier (Fabricant de cartes à jouer).
Chapeaux de feutre et de soie (Fabricant de).
Charcutier.
Charpentier (Entrepreneur-fournisseur).
Chasublier (Marchand).
Chaudières en cuivre (Fabricant de).
Chevaux (Marchand de).
Cire à cacheter (Fabricant de).
Cire (Blanchisseur de), employant moins de six ouvriers.
Cirier (Marchand).
Cochons (Marchand de).
Commissionnaire au mont-de-piété.
Cordier (Fabricant de câbles et cordages pour la marine ou la navigation intérieure).
Cordonnier (Marchand).
Corroyeur (Marchand).
Coton filé (Marchand de) en détail.
Cotrets sur bateaux (Marchand de).
Couleurs et vernis (Fabricant et marchand de).
Couverts et autres objets en fer battu ou étamé (Fabricant et marchand de) en gros, par procédés ordinaires.
Couvertures de soie, bourre, laine et coton, etc. (Marchand de).
Couvreur (Entrepreneur).

---

(1) Le pharmacien qui a exercé sa profession avant d'avoir été pourvu d'un diplôme, est néanmoins assujetti au droit de patente, à dater de l'époque où il a exercé de fait. La contravention aux lois et règlements sur l'exercice de la pharmacie ne peuvent être pour lui un motif d'exemption. (Ord. du 30 juillet 1839, Mac., 1839, p. 421; Dalloz, 40. 3. 88.)

(2) Un ancien notaire, qui se charge, moyennant salaire, de liquidations, comptes de tutelle, etc., et de suivre les affaires administratives et contentieuses qui lui sont confiées, doit être considéré comme agent d'affaires. (Ord. du 13 août 1840, Mac., 1840, p. 302; Dalloz, 41. 3. 127.)

Il en est de même de celui qui se livre habituellement à l'industrie d'achat et vente d'immeubles, tant pour son compte personnel que comme mandataire d'autrui. (Ord. du 30 juillet 1840, Mac., 1840, p. 271; Dalloz, 41. 3. 87.)

... De celui qui se livre à des opérations de recouvrement d'effets, moyennant des remises qui lui sont accordées. (Ord. du 22 novembre 1836, Mac., 1836, p. 507.)

Les agences de remplacement militaire doivent être patentées comme agences d'affaires. (Ord. du 1er mars 1842, Mac., 1842, p. 89.)

(3) Le fait de loger et nourrir les colporteurs et les ouvriers constitue la profession d'aubergiste. (Ord. du 30 juillet 1839, Mac., 1839, p. 419.)

(4) Le concierge d'un cercle qui vend aux membres de ce cercle des objets de consommation, tels que café, bière et liqueurs, doit être imposé à la patente de cafetier. (Ord. du 26 décembre 1840, Mac., 1840, p. 454; Dalloz, 41. 3. 328.)

Crin frisé (Marchand de).
Cuirs tannés, corroyés, lissés, vernissés (Marchand de) en détail.
Décors et ornements d'architecture (Marchand de).
Dentelles (Marchand de).
Dorures et argentures sur métaux (Fabricant ou marchand de) en détail.
Dorures pour passementeries (Marchand de).
Eaux minérales factices (Marchand de).
Ecorces de bois pour tan (Marchand de).
Estaminet (Maître d').
Estampeur en or et en argent.
Facteur de denrées et marchandises (partout ailleurs qu'à Paris).
Farines (Marchand de) en gros (1).
Fer en barres (Marchand de) en détail. — Celui qui vend habituellement par quantité inférieure à cinq cents kilogrammes.
Fils de chanvre ou de lin (Marchand de) en détail.
Fleurets et filoselle (Marchand de) en détail.
Fonte ouvragée (Marchand de).
Fosses mobiles inodores (Entrepreneur de).
Fourreur.
Fromages de pâte grasse (Marchand de) en gros.
Fromages secs (Marchand de) en demi-gros.
Garde du commerce.
Graines fourragères, oléagineuses et autres (Marchand de) en demi-gros.
Grainetier-fleuriste (Expéditeur).
Grains (Marchand de) en gros.
Graveur sur cylindres.
Herboriste expéditeur.
Hongroyeur ou hongrieur.
Horlogerie (Marchand de fournitures d').
Hôtel garni (Maître d').
Houblon (Marchand de) en demi-gros.
Huiles (Marchand d') en détail.
Instruments pour les sciences (Facteurs et marchands d') ayant boutique ou magasin.
Jardin public (Tenant un).
Jaugeage des liquides (Adjudicataire des droits de).
Laine brute ou lavée (Marchand de) en détail.
Laine filée (Marchand de) en détail.
Laineur.
Légumes secs (Marchand de) en gros.
Limonadier non glacier.
Liqueurs (Marchand de) en détail.
Lustres (Fabricant et marchand de).
Maçonnerie (Entrepreneur de).
Manége d'équitation (Tenant un).
Mâts (Constructeur de).
Mécanicien.
Menuisier (Entrepreneur).
Merceries (Marchand de) en détail.
Métaux (Marchand de) (autres que l'or, l'argent, le fer en barres et la fonte) en détail.
Meules de moulins (Fabricant de).
Miel et cire brute (Marchand non expéditeur de).
Moutardier (Marchand) en gros.
Moutons et agneaux (Marchand de).
Mulets et mules (Marchand de).
Nécessaires (Marchand de).
Nougat (Fabricant expéditeur de).
Oranges, citrons (Marchand d'), expéditeur.
Orgues d'église (Facteur d').
Ornemaniste.
Papetier (Marchand) en détail.
Pastel (Marchand de) en détail.
Pâtissier non expéditeur.
Peaussier (Marchand) en détail.
Peaux en vert ou crues (Marchand de).
Peinture (Entrepreneur de) en bâtiments.
Pelleteries et fourrures (Marchand de) en détail.
Pesage et mesurage (Fermier des droits de).
Pierre artificielle ou factice (Fabricant d'objets en).
Plieur d'étoffes.
Polytypage (Fabricant de).
Pompes à incendie (Fabricant de).
Presseur de poisson de mer.
Presseur de sardines.
Pruneaux et prunes sèches (Marchand de) en gros.
Quincaillier en détail.
Receveur de rentes.
Registres (Fabricant de).
Restaurateur et traiteur à la carte et à prix fixe.
Rubans pour modes (Marchand de) en détail.
Sabots (Marchand de) en gros.
Safran (Marchand de) en demi-gros.
Serrurier (Entrepreneur).
Serrurier (Mécanicien).
Serrurier en voitures suspendues.
Sondes (Fabricant de grandes).
Suif en branches (Marchand de).
Suif fondu (Marchand de) en détail.
Tapissier (Marchand).
Thé (Marchand de) en détail.
Tôle vernie (Fabricant d'ouvrages en).
Tourbe (Marchand de) en gros.
Truffes (Marchand de).
Tulles (Marchand de), en détail (2).
Tuyaux en fil de chanvre pour les pompes à incendie et les arrosements (Fabricant de).
Vaches ou veaux (Marchand de).
Vanneries (Marchand expéditeur de).
Verres à vitre (Marchand de).
Vinaigrier en détail.
Vins (Marchand de) en détail (3). — Vendant habituellement, pour être consommés hors de chez lui, des vins au panier ou à la bouteille.
Vins (Voiturier marchand de).
Volailles truffées (Marchand de).

---

(1) M. *Lescot de la Milanderie* a demandé dans quelle classe on devrait ranger le propriétaire ou le fermier d'un moulin à blé, qui achète du grain, le convertit en farine, et la livre au commerce; s'il devait être imposé comme marchand de farine, ou bien comme meunier, suivant le tableau C. (Voy. p. 46)

M. *Ternaux* a répondu que c'était le cas du cumul de deux professions, et que ce cas était réglé par l'art. 7 de la loi.

M. *Lescot* a demandé aussi ce qui arriverait dans le cas où le moulin, ne marchant qu'une partie de l'année, le droit serait réduit de moitié.

M. *le ministre des finances* a répondu : « Si le moulin ne marche qu'une partie de l'année, le droit fixe sera diminué de moitié; il peut devenir inférieur au tarif pour le marchand de farine; on ne paiera tout au moins que ce droit; mais, dans tous les cas, quand on exerce deux professions, on paie le droit le plus élevé. »

(2) On jugeait, sous l'empire des lois antérieures, que le marchand de tulle en gros devait être assimilé à un marchand de dentelles en gros. (Ord. du 24 juin 1840, Mac., 1840, p. 170; Dalloz, 41. 3. 1.)

(3) Dans le cours de la discussion du projet de loi, les marchands de vins de Paris ont présenté une pétition dans laquelle ils se plaignaient d'être portés en même temps à la quatrième classe pour vente de vins en détail, et à la première pour la même vente.

CINQUIÈME CLASSE.

Accouchement (Chef de maison d').
Acier poli (Fabricant d'objets en) pour son compte.
Affineur de métaux autres que l'or, l'argent et le platine.
Agrafes (Fabricant d') par les procédés ordinaires, pour son compte.
Albâtre (Fabricant ou marchand d'objets en).
Almanachs ou annuaires (Editeur propriétaire d').
Appareils et ustensiles pour l'éclairage au gaz (Fabricant d').
Apprêteur de chapeaux de paille.
Apprêteur d'étoffes pour les particuliers.
Armurier (1).
Aubergiste, ne logeant qu'à cheval.
Bains publics (Entrepreneur de).
Balancier (Marchand).
Bals publics (Entrepreneur de).
Bijoutier (Fabricant), pour son compte, sans magasin.
Bijoux en faux (Marchand de).
Blanchisseur de toiles et fils pour les particuliers.
Blatier avec voiture (2).

M. *de la Plesse* a réclamé des éclaircissements à ce sujet :

« En examinant les deux classes, a-t-il dit, on voit en effet que les marchands de vins ont déjà été portés à la première pour vente de *vins fins*. Cette distinction est-elle bien déterminée par elle-même? est-on bien d'accord sur ce que l'on entend par *vins fins?* sont-ce non seulement les vins de liqueurs, mais aussi les vins d'un prix élevé? »

« Quelle sera alors la délimitation entre le prix qui devra faire ranger dans la première classe, et le prix qui devra faire ranger dans la quatrième? C'est un éclaircissement que je demande sur ce point à la commission.

« Dans cette même pétition, les marchands de vins de la capitale rappellent un décret de 1813, qui, tout spécial pour Paris, les soumet à un droit unique de 100 fr. ; ce décret de 1813 contient, entre autres dispositions de police, une disposition pénale qui leur défend de vendre et de tenir dans leurs caves toute matière pouvant servir à la falsification des vins.

« Or, les marchands de Paris ont l'air de penser que la loi en discussion tendrait à abroger le décret de 1813, et ils s'en plaignent.

« Il est évident que, quant au droit de patente, il y aura abrogation du décret de 1813, mais quant à la mesure de police, l'inquiétude des marchands de vins est évidemment mal fondée. Les dernières dispositions prohibitives du décret de 1813 resteront toujours en vigueur. Toutefois, c'est là un point sur lequel je demande au gouvernement de s'expliquer, non que cela soit nécessaire à mes yeux, mais afin de détruire les inquiétudes qui semblent répandues dans le commerce des vins à Paris. »

M. *le ministre des finances* a répondu :

« Relativement aux marchands de vins, le projet du gouvernement, qui, en cela, n'a pas été réformé par la commission, s'écarte des dispositions adoptées pour les autres professions.

« On a reconnu qu'il n'y avait pas de marchand de vins en gros qui ne vendît directement aux consommateurs ; on a pensé que pour cette profession la vente directe au consommateur ne devait pas donner lieu à admettre la distinction générale. La première classe comprend tous les marchands de vins en gros, alors même qu'il y a conviction qu'ils vendent directement aux consommateurs.

« Quant à la quatrième classe, elle ne comprend que ceux des marchands de vins qui vendent habituellement aux consommateurs, par paniers ou en bouteilles.

« Ainsi, sans même qu'il soit besoin de se préoccuper de la question des vins fins en ce qui concerne la quatrième classe, la distinction est assez tranchée pour qu'il n'y ait pas à craindre d'équivoque.

« Quant à la première classe, on a voulu que ceux qui se livrent, et leur enseigne et leur prospectus l'annoncent suffisamment, que ceux qui se livrent habituellement au commerce de vins fins, mais qui ne vendent pas en pièces ces vins, parce que le plus grand nombre des consommateurs ne les achètent pas en pièces, mais qui les vendent en bouteilles ; on a voulu que ceux qui exercent cette profession, ceux qui vendent les vins fins en panier fussent assimilés aux marchands en gros. L'assimilation est juste et fondée, et je crois qu'elle ne peut pas être contestée.

« Quant au second point de la pétition, relatif au décret de 1813, le ministre a déclaré qu'il s'en référait complétement à la distinction présentée par M. de la Plesse. »

(1) Le projet portait : *marchands d'armes*, *marchands armuriers*,

M. *Lanyer* a fait observer que dans ces expressions, *marchands armuriers*, les fabricants d'armes de Saint-Etienne ne se trouvaient pas compris, mais qu'ils se trouvent rangés dans le tableau C, au nombre des grands manufacturiers. « C'est une grave erreur, a-t-il ajouté, ces fabricants n'ont pas de grands ateliers, de grands établissements, ils sont, au contraire, de véritables marchands armuriers, des fabricants armuriers. Il faudrait donc les faire rentrer dans la cinquième classe, sous la désignation d'*armuriers*.

M. *le rapporteur* a reconnu la justesse de l'observation de M. Lanyer. « Dans la cinquième classe, a-t-il dit, on trouve ces mots : *de marchands d'armes et de marchands armuriers*. La commission propose de supprimer le mot *marchand d'armes*, qui fait double emploi avec *marchand armurier*, et de supprimer même le mot *marchand* après le mot *armurier*, en laissant seulement ce mot *armurier*, qui, en fait, a la double signification de *marchand* et de *fabricant d'armes*. Nous reprenons ainsi les expressions de la loi de l'an 7, et nous sommes fidèles à sa classification, car elle portait l'armurier à la deuxième classe. Par le mot *armurier*, la commission entend non seulement le marchand armurier qui vend des armes, mais aussi l'armurier qui les fabrique sur une petite échelle. Quant aux grandes fabriques d'armes, nous les laissons au tableau C, selon la proposition du gouvernement. »

(2) M. *Beaumont* (de la Somme) a manifesté la crainte qu'on imposât comme *blatier* le simple voiturier qui transporte du blé pour le compte d'un autre.

M. *Ternaux* a répondu : « Le blatier est celui qui achète du grain chez le cultivateur pour le revendre ; mais celui qui transporte le grain n'est qu'un voiturier et pas un blatier. »

Des marques d'assentiment ont accueilli cette explication.

Bois à brûler (Marchand de). — Celui qui, n'ayant ni chantier, ni magasin, ni bateau, vend par voiture au domicile des consommateurs.
Bois de bateaux (Marchand de).
Bois de boissellerie (Marchand de).
Bois de volige (Marchand de).
Bois feuillard (Marchand de).
Boîtes et bijoux à musique (Fabricant de mécaniques pour), pour son compte.
Boucher en détail.
Bouclerie (Fabricant de), pour son compte.
Bougies (Marchand de).
Boulanger.
Bouteilles de verre (Marchand de).
Boutons de métal, corne, cuir bouilli, etc. (Fabricant de), pour son compte.
Brocanteur en boutique ou magasin.
Broches et cannelets pour la filature (Fabricant de), pour son compte.
Broderies (Fabricant et marchand de), en détail.
Bureau de distribution d'imprimés, de cartes de visites, annonces, etc. (Entrepreneur d'un).
Bureau d'indication et de placement (Tenant un).
Cabaretier ayant billard.
Cabriolet sur place ou sous remise (Loueur de), s'il a plusieurs cabriolets.
Calandreur d'étoffes neuves.
Caractères mobiles en métal (Fabricant de).
Carrossier raccommodeur.
Cartonnage fin (Fabricant et marchand de).
Cercles ou sociétés (Fournisseur des objets de consommation dans les).
Chapeaux de paille (Marchand de) en détail.
Chapellerie en fin.
Chapellerie (Marchand de fournitures pour la).
Charbon de bois (Marchand de) en demi-gros.
Charbon de terre épuré ou non (Marchand de) en demi-gros.
Chasse (Marchand d'ustensiles de).
Chaudronnier (Marchand).
Cheminées dites *économiques* (Fabricant et marchand de).
Chevaux (Loueur de).
Chevaux (Tenant pension de).
Cheveux (Marchand de).
Chocolat (Marchand de) en détail.
Cloches de toutes dimensions (Marchand de).
Cloutier (Marchand) en détail.
Coffretier-malletier, en cuir.
Colle pour la clarification des liqueurs (Fabricant de).
Colleur d'étoffes.
Cornes brutes (Marchand de).
Coutelier (Marchand et fabricant).
Crémier-glacier.
Crics (Fabricant et marchand de).
Crin frisé (Apprêteur de).
Cristaux (Marchand de) en détail.
Culottier en peau (Marchand).
Curiosité (Marchand en boutique d'objets de).
Décatisseur.
Déchireur ou dépeceur de bateaux.
Dés à coudre en métal autre que l'or et l'argent (Fabricant de), pour son compte.
Distillateur d'essences et eaux parfumées et médicinales.
Eau-de-vie (Marchand d') en détail.
Ebéniste (Marchand), ayant boutique ou magasin.
Eclairage à l'huile pour le compte des particuliers (Entrepreneur d').
Eperonnier, pour son compte.
Epicier en détail.
Eponges (Marchand d') en détail.
Equipage (Maître d').
Etain (Fabricant de feuilles d').
Etriers (Fabricant d'), pour son compte.
Etrilles (Fabricant d'), pour son compte.
Ferblantier lampiste.
Ferronnier.
Fiacre (Loueur de), s'il a plusieurs voitures.
Fleurs artificielles (Fabricant et marchand de).
Fondeur en fer, en bronze ou en cuivre, avec des creusets ordinaires.
Forces (Fabricant de), pour son compte.
Forgeron de petites pièces (canons, platines).
Foulonnier.
Fourrages (Marchand de), par bateaux, charrettes ou voitures.
Frangier (Marchand).
Galonnier (Marchand).
Gantier (Marchand).
Glaces (Marchand de) (Miroitier).
Glacier.
Instruments de chirurgie en métal (Fabricant et marchand d').
Ivoire (Marchand d'objets en).
Jaugeur juré pour les liquides.
Jeu de paume (Maître de).
Joaillier (Fabricant), pour son compte.
Lampiste.
Lapidaire en pierres fausses (Fabricant ou marchand), ayant boutique ou magasin.
Laveur de laines.
Layetier-emballeur.
Libraire.
Liége brut (Marchand de) en détail.
Loueur de voitures suspendues.
Lunetier (Marchand).
Lutherie (Marchand de fournitures de).
Luthier (1) (Fabricant), pour son compte.
Magasinier.
Maître ou patron de barque (2) **ou bateau**, naviguant pour son propre compte sur les fleuves, rivières ou canaux, soit que la barque ou le bateau lui appartienne, soit qu'il l'ait loué. Si le conducteur n'est qu'un homme à gages, la patente est due par le propriétaire de la barque ou du bateau.
Maréchal expert.
Maroquinier, pour son compte.
Marrons et châtaignes (Marchand expéditeur de).
Mégissier, pour son compte.
Menuisier-mécanicien.

---

(1) Ne peut être considéré comme luthier, celui qui se borne à réparer et à revendre des instruments de musique; il est seulement assujetti à la patente de revendeur. (Ord. 6 août 1840, Mac., 1840, p. 286; Dalloz, 41. 3. 103.)

(2) Le projet de loi portait *marinier en chef*, et la commission y avait substitué les mots : *maîtres ou patrons de barques et bateaux sur les fleuves, rivières et canaux*. M. *Dufaure* a fait observer que ces expressions n'indiquaient pas suffisamment s'il s'agissait du propriétaire de la barque, lequel est seul imposable, ou de son agent, d'un simple batelier, lequel ne doit pas payer patente; et, sur sa demande, la Chambre a renvoyé à la commission la révision de l'article. Sur ce renvoi, la commission a proposé la rédaction qui est restée dans l'article, comme devant faire cesser toute espèce de doute.

Métiers à bas (Forgeur de), pour son compte.
Meubles (Marchand de).
Meules à aiguiser (Fabricant et marchand de).
Mine de plomb (Marchand de), en détail.
Minerai de fer (Marchand de), ayant magasin.
Miroitier.
Modiste.
Monuments funèbres (Entrepreneur de).
Moulures (Fabricant de), pour son compte.
Moulures (Marchand de), en boutique.
Musique (Marchand de).
Nacre de perles (Fabricant d'objets en), pour son compte.
Nacre de perles (Marchand d'objets en).
Natation (Tenant une école de).
Orfévre (Fabricant), pour son compte.
Orgues portatives (Facteur d'), pour son compte.
Papier peint pour tentures (Marchand de).
Parc aux charrettes (Tenant un).
Parfumeur (Marchand), en détail.
Passementier (Marchand).
Pavés (Marchand de).
Peignes de soie (Marchand de).
Peintre-vernisseur en voitures ou équipages.
Perles fausses (Marchand de).
Pierres brutes (Marchand de).
Pierres lithographiques (Marchand de).
Planches (Marchand de), en détail.
Plombier.
Plumassier (Fabricant et marchand).
Plumes à écrire (Marchand de), non expéditeur.
Poisson frais (Marchand de), vendant par forte partie aux détaillants.
Pompes de métal (Fabricant de).
Porcelaine (Marchand de), en détail.
Poudrette (Marchand de).
Relais (Entrepreneur de), même lorsqu'il est maître de poste.
Résines et autres matières analogues (Marchand de), en détail.
Rogues ou œufs de morue (Marchand de), en détail.
Restaurateur et traiteur à prix fixe seulement.
Rôtisseur.
Saleur d'olives.
Seaux à incendie (Fabricant de).
Sellier-harnacheur.
Serrurier non entrepreneur.
Soies de porc ou de sanglier (Marchand de), en détail.
Soufflets (Fabricant et marchand de gros) pour les forgerons, bouchers, etc.
Sparterie pour modes (Fabricant de).
Sucre brut et raffiné (Marchand de), en détail.
Tableaux (Marchand de).
Taffetas gommés ou cirés (Marchand de).
Taillandier.
Tailleur (Marchand d'habits neufs).
Tailleur (Marchand), sans magasin d'étoffes, fournissant sur échantillons.
Tapis peints ou vernis (Marchand de).
Toiles cirées et vernies (Marchand de).
Toiles métalliques (Fabricant de), pour son compte.
Tôle vernie (Fabricant d'ouvrages en).
Traçons (Maître de).
Ustensiles de chasse et de pêche (Marchand d').
Vannier-emballeur pour les vins.
Verres blancs et cristaux (Marchand de), en détail.
Vidange (Entrepreneur de).
Vins (Marchand de) en détail, donnant à boire chez lui et tenant billard.

SIXIÈME CLASSE.

Affiches (Entrepreneur de la pose et de la conservation des).
Agaric (Marchand d').
Agent dramatique.
Aiguilles, clefs et autres petits objets pour montres ou pendules (Fabricant d'), pour son compte.
Allumettes chimiques (Fabricant et marchand d').
Anatomie (Fabricant de pièces d').
Anatomie (Tenant un cabinet d').
Anes (Marchand d').
Annonces et avis divers (Entrepreur d'insertions d').
Appréciateur d'objets d'art.
Apprêteur de peaux.
Apprêteur de plumes, laines, duvets et autres objets de literie.
Ardoises (Marchand d'). Celui qui vend par millier aux maçons et aux entrepreneurs de bâtiments.
Arrosage (Entreprise particulière d').
Arrimeur.
Artificier.
Bacs (Fermier de) pour un prix de fermage au-dessous de mille francs.
Baies de genièvre (Marchand de).
Bains de rivière en pleine eau (Entrepreneur de).
Balancier (Fabricant), pour son compte.
Balançons (Marchand de).
Balayage (Entreprise partielle de).
Bandagiste.
Bardeaux (Marchand de).
Baromètres (Fabricant ou marchand de).
Barques, bateaux ou canots (Constructeur de).
Bateaux à laver (Exploitant de).
Battendier.
Batteur de bois de teinture.
Batteur d'écorce.
Batteur de graine de trèfle.
Batteur d'or et d'argent.
Baudruche (Apprêteur de).
Beurre frais ou salé (Marchand de), en détail.
Bière (Marchand ou débitant de).
Bijoutier en faux (Fabricant), pour son compte.
Billards (Fabricant de), sans magasins.
Bisette (Fabricant et marchand de).
Blanc de craie (Fabricant et marchand de).
Blatier avec bêtes de somme.
Bluteaux ou blutoirs (Fabricant et marchand de).
Bois merrains (Marchand de), s'il ne vend qu'aux tonneliers et aux particuliers.
Boiseries (Marchand de vieilles).
Boisselier (Marchand), en détail.
Bombagiste.
Bombeur de verres.
Bossetier.
Bouchonnier.
Bouchons (Marchand de), en détail.
Boues (Entreprise partielle de l'enlèvement des).
Bouilleur ou brûleur d'eau-de-vie.
Bouillon et bœuf cuit (Marchand de).
Bourre de soie (Marchand de).
Bourrelier.
Boyaudier.
Brasseur à façon.
Bretelles et jarretières (Fabricant de), pour son compte.
Bretelles et jarretières (Marchand de).
Briou (Fabricant de).
Briques (Marchand de).
Briquets phosphoriques et autres (Fabricant de).
Brocanteur d'habits, en boutique.
Brossier (Fabricant), pour son compte.

Brossier (Marchand).
Buffletier (Marchand).
Buis ou racines de buis (Marchand de).
Bustes en plâtre (Mouleur de).

Cabaretier (1).
Cabinet de lecture (Tenant un), où l'on donne à lire les journaux et les nouveautés littéraires.
Cabinets d'aisances publics (Tenant).
Cadrans de montres et de pendules (Fabricant de), pour son compte.
Cadres pour glaces et tableaux (Marchand de).
Café de chicorée en poudre (Marchand de).
Cafetières du Levant ou marabouts (Fabricant de), pour son compte.
Caisses de tambour (Facteur de).
Calfat (Radoubeur de navires).
Cannelles et robinets en cuivre (Fabricant de), pour son compte.
Cannes (Marchand de), en boutique.
Cantinier, dans les prisons, hospices et autres établissements publics.
Caparaçonnier, pour son compte.
Capsules métalliques (Fabricant de) pour boucher les bouteilles.
Cardes (Fabricant de) par les procédés ordinaires, pour son compte.
Carreaux à carreler (Marchand de).
Carrés de montres (Fabricant de), pour son compte.
Cartes de géographie (Marchand de).
Cartons pour bureaux et autres (Fabricant de), pour son compte.
Casquettes (Fabricant de), pour son compte.
Cendres (Laveur de).
Cercles ou cerceaux (Marchand de).
Chaînes de fil, laine ou coton, préparées pour la fabrication des tissus (Marchand de).
Chaises fines (Marchand et fabricant de).
Chaises (Loueur de) pour un prix de ferme de deux mille francs et au-dessus.
Chamoiseur, pour son compte.
Chandeliers en fer et en cuivre (Fabricant de), pour son compte.
Chanvre (Marchand de), en détail.
Chapelier en grosse chapellerie.
Charcutier revendeur.
Charpentier.
Charrée (Marchand de).
Charron.
Châsses de lunettes (Fabricant de), pour son compte.
Chaux (Marchand de).
Chef de ponts et pertuis.
Cidre (Marchand et débitant de), en détail.
Cimentier, employant moins de cinq ouvriers.
Ciseleur.
Clinquant (Fabricant de), pour son compte.
Cloches (Fondeur de), sans boutique ni magasin.
Clochettes (Fondeur de).
Coffretier-malletier en bois.
Coiffeur.
Cols (Fabricant de), pour son compte.
Cols (Marchand de).
Combustibles (Marchand de), en boutique.
Commissionnaires porteurs pour les fabricants de tissus.
Coquetier avec voiture.
Cordes harmoniques (Fabricant de), pour son compte.
Cordes métalliques (Fabricant de), pour son compte.
Cordier (Marchand).
Corne (Apprêteur de), pour son compte.
Corne (Fabricant de feuilles transparentes de), pour son compte.
Corsets (Fabricant et marchand de).
Cosmorama (Directeur de).
Costumier.
Coupeur de poils (Marchand), pour son compte.
Courtier-gourmet piqueur de vins.
Couturière (Marchande).
Couverts et autres objets en fer battu ou étamé (Fabricant et marchand de), en détail.
Couvreur (Maître).
Crayons (Marchand de).
Crépins (Marchand de).
Crinières (Fabricant de), pour son compte.
Crins plats (Marchand de).
Cuir bouilli et verni (Fabricant et marchand d'objets en).
Cuirs et pierres à rasoirs (Fabricant et marchand de).
Cuivre de navires (Marchand de vieux).
Dalles (Marchand de).
Damasquineur.
Découpoirs (Fabricant de), pour son compte.
Déménagements (Entrepreneur de), s'il a une seule voiture.
Dentelles (Facteur de).
Dépeceur de voitures.
Dessinateur pour fabrique.
Doreur et argenteur.
Doreur sur bois.
Ébéniste (Fabricant), pour son compte, sans magasin.
Écrans (Fabricant d'), pour son compte.
Émailleur, pour son compte.
Emballeur non layetier.
Encre à écrire (Fabricant et marchand d'), en détail.
Enduit contre l'oxydation (Applicateur d').
Enjoliveur (Marchand).
Épingles (Fabricant d') par les procédés ordinaires.
Essayeur de soie.
Estampes et gravures (Marchand d').
Étameur de glaces.
Éventailliste (Marchand fabricant), ayant boutique ou magasin.
Facteur de fabrique.
Fagots et bourrées (Marchand de), vendant par voiture.
Faïence (Marchand de).
Farines (Marchand de), en détail.
Ferblantier.
Feutre (Fabricant et marchand de), pour la papeterie, le doublage des navires, plateaux, vernis, etc.
Filagraniste.
Filasse de nerfs (Fabricant de), pour son compte.
Filets pour la pêche, la chasse, etc. (Fabricant de).
Fileur (Entrepreneur).
Filotier.
Fleurs artificielles (Marchand d'apprêts et papiers pour).
Fleurs d'oranger (Marchand de).
Fondeur d'étain, de plomb ou fonte de chasse.
Fontaines publiques (Fermier de).
Fontaines à filtrer (Fabricant et marchand de).
Formaire (pour la fabrication du papier), pour son compte.
Fouleur de bas et autres articles de bonneterie.
Fouleur de feutre pour les chapeliers.

(1) Le cabaretier qui loge parfois des voyageurs, doit être, pour cette seule circonstance, considéré comme aubergiste. (Ord. du 24 juin 1840, Mac., 1840, p. 168.)

Fourbisseur (Marchand).
Fournaliste.
Fourneaux potagers (Fabricant et marchand de).
Fourrage (Débitant de), à la botte, ou en petite partie au poids.
Fripier.
Fromages de pâte grasse (Marchand de), en détail.
Fromages secs (Marchand de), en détail.
Fruitier-oranger.
Fruits secs (Marchand de), en détail.
Fruits secs pour boissons (Marchand de).
Fumiste.

Gardes-robes inodores (Fabricant et marchand de).
Gibernes (Fabricant de), pour son compte.
Glace, eau congelée (Marchand de).
Globes terrestres et célestes (Fabricant et marchand de).
Gommeur d'étoffes.
Graine de moutarde blanche (Marchand de).
Graines (Marchand de), en détail.
Grainetier-fleuriste, en détail.
Graveur sur métaux (Fabriquant les timbres secs et gravant sur bijoux).
Grue (Maître de).

Harpes (Facteur de), n'ayant ni boutique ni magasin.
Herboriste-droguiste.
Histoire naturelle (Marchand d'objets d').
Horlogerie (Fabricant de pièces d'), p^r son compte.
Horloger-rhabilleur (Marchand).
Huîtres (Marchand d').

Images (Fabricant ou marchand d').
Imprimeur-lithographe éditeur.
Instruments aratoires (Fabricants d').
Instruments de chirurgie en gomme élastique (Fabricant d').
Instruments de musique à vent, en bois ou en cuivre (Facteur d').
Instruments pour les sciences (Facteur d'), sans boutique ni magasin.
Ivoire (Fabricant d'objets en), pour son compte.
Jais ou jaïet (Fabricant ou marchand d'objets en).
Kaolin et pétunzé (Marchand de).

Lamineur par les procédés ordinaires.
Lanternier.
Lattes (Marchand de), en détail.
Lavoir public (Tenant un).
Layetier.
Levure ou levain (Marchand de).
Lin (Marchand de), en détail.
Linge de table et de ménage (Loueur de).
Linger.
Lithochrome (Imprimeur).
Lithocromies (Marchand de).
Lithographies (Marchand de).
Lithophanies pour stores (Fabricant et marchand de).
Loueur de tableaux et dessins.
Loueur en garni.
Lunetier (Fabricant).
Lustreur de fourrures.

Maçon (Maître).
Maison particulière de retraite (Tenant une).
Marbre factice (Fabricant et marchand d'objets en).
Marbrier.
Maréchal-ferrant.
Masques (Fabricant et marchand de).
Matériaux (Marchand de vieux).
Menuisier.
Mercerie (Marchand de menue).
Metteur en œuvre, pour son compte.
Meubles d'occasion (Marchand de).
Moireur d'étoffes, pour son compte.
Monteur de métiers.
Mosaïques (Marchand de).
Mulquinier. — Celui qui prépare le fil pour les chaînes servant à la fabrication des tissus.

Naturaliste (Marchand).
Nécessaires (Fabricant de), pour son compte.
Nourrisseur de vaches et de chèvres pour le commerce du lait.

Oranges et citrons (Marchand d'), en boutique et en détail.
Os (Fabricant d'objets en), pour son compte.
Outres (Fabricant d'), pour son compte.
Outres (Marchand d').

Paille (Fabricant de tissus pour les chapeaux de), pour son compte.
Paillettes et paillons (Fabricant de), pour son compte.
Pain à cacheter et à chanter (Fabricant et marchand de).
Pain d'épices (Fabricant ou marchand en boutique de).
Papiers de fantaisie (Fabricant de), pour son compte.
Parapluies (Fabricant et marchand de).
Parcheminier, pour son compte.
Parqueteur (Menuisier).
Pâtes alimentaires (Marchand de).
Paveur.
Peaux de lièvres et de lapins (Marchand de), en boutique.
Pêche (Adjudicataire ou fermier de), pour un prix de deux mille francs ou au-dessus.
Peignes à sérancer (Fabricant de), pour son compte.
Peignes d'écaille (Fabricant de), pour son compte.
Peignes (Marchand de), en boutique.
Peintre en bâtiments, non entrepreneur.
Pension bourgeoise (Tenant).
Pension particulière de vieillards (Tenant).
Perles fausses (Fabricant de), pour son compte.
Peseur et mesureur juré.
Pianos et clavecins (Facteur de), n'ayant ni boutique ni magasin.
Pierres à brunir (Fabricant et marchand de).
Pierres fausses (Fabricant de).
Pierres bleues (Marchand de), pour le blanchissage du linge.
Pierres taillées (Marchand de).
Pinceaux (Fabricant de), pour son compte.
Pipes (Marchand de).
Plafonneur.
Plâtre (Marchand de).
Plâtrier (Maçon).
Plomb de chasse (Fabricant ou marchand de).
Plumes métalliques (Marchand fabricant de).
Poêlier en faïence, fonte, etc.
Polisseurs d'objets en or, argent, cuivre, acier, écaille, os, corne, etc.
Porces pour les papetiers (Fabricant de).
Portefeuilles (Fabricant de), pour son compte.
Portefeuilles (Marchand de).
Potier d'étain.
Poudre d'or (Fabricant et marchand de).
Poulieur (Fabricant).
Pressoir (Maître de) à manége.

Queues de billard (Fabricant de), pour son compte.

Ramonage (Entrepreneur de).
Rampiste.
Ressorts de bandage pour les hernies (Fabricant de), pour son compte.

Ressorts de montres et de pendules (Fabricant de), pour son compte.
Sacs de toile (Fabricant et marchand de).
Salpêtrier.
Sarraux ou blouses (Marchand de) en détail.
Sculpteur en bois, pour son compte.
Son, recoupe et remoulage (Marchand de).
Sparterie (Fabricant et marchand d'objets en).
Sphères (Fabricant de).
Stucateur.
Sumac (Marchand de).

Tabac (Marchand de) en détail dans le département de la Corse.
Table d'hôte (Tenant une).
Tabletier (Marchand).
Tabletterie (Fabricant d'objets en), pour son compte.
Tambours, grosses caisses, tambourins (Fabricant de).
Tamisier (Fabricant et marchand).
Tan (Marchand de).
Tapissier à façon.
Teinturier dégraisseur pour les particuliers.
Teinturier en peaux.
Tireur d'or et d'argent.
Tôlier.
Tourneur sur métaux.
Tourteaux (Marchand de) en détail.
Tréfileur par les procédés ordinaires.
Tuiles (Marchand de).

Vannerie (Marchand de) en détail.
Vannier (Fabricant en vannerie fine).
Vérificateur de bâtiments.
Vernisseur sur cuivre, feutre, carton et métaux.
Verres bombés (Marchand de).
Verroterie et gobeleterie (Marchand de) en détail.
Vignettes et caractères à jour (Fabricant de), pour son compte.
Vignettes et caractères à jour (Marchand en boutique de).
Vins (Marchand de) en détail, donnant à boire chez lui, et ne tenant pas billard.
Vis (Fabricant de) par procédés ordinaires, pour son compte.
Vitrier en boutique.
Voilier à façon.
Volaille ou gibier (Marchand de).

SEPTIÈME CLASSE.

Accordeur de pianos, harpes et autres instruments.
Acheveur en métaux.
Acier poli (Fabricant d'objets en) à façon.
Alevin (Marchand d').
Alléges (Maître d').
Anes (Loueur d').
Apprêteur de barbes ou fanons de baleine.
Apprêteur de bas et autres objets de bonneterie.
Archets (Fabricant d').
Armurier rhabilleur.
Armurier à façon.
Arpenteur (1).
Attelles pour colliers de bêtes de trait (Fabricant et marchand d').
Avironnier.

Badigeonneur.
Balancier (Fabricant) à façon.
Ballons pour lampes (Fabricant de), pour son compte.
Bandagiste à façon.
Bardeaux (Fabricant de), pour son compte.
Bâtier.
Battoirs de paume (Fabricant de).
Baugeur.
Bijoutier à façon.
Bijoutier en faux (Fabricant), à façon.
Bimbeloterie (Fabricant d'objets de) sans boutique ni magasin.
Bimbelotier (Marchand) en détail.
Blanchisseur de chapeaux de paille.
Blanchisseur de fin.
Blanchisseur de linge, ayant un établissement de buanderie.
Blanchisseur sur pré.
Boisselier.
Boîtes et bijoux à musique (Fabricant de mécaniques pour), à façon.
Bottes remontées (Marchand de).
Bottier et cordonnier en chambre.
Boules vulnéraires dites *d'acier* ou *de Nancy* (Fabricant de).
Bouquetière (Marchande) en boutique.
Bouquiniste.
Bourrelets d'enfants (Fabricant et marchand de).
Boursier.
Boutons de soie (Fabricant de), pour son compte.
Briquets phosphoriques et autres (Marchand de).
Broches pour la filature (Rechargeur de).
Broderies (Blanchisseur et apprêteur de).
Broderies (Dessinateur imprimeur de).
Broderies (Fabricant à façon de).
Brunisseur.
Buffletier (Fabricant), pour son compte.
Bustes en cire pour les coiffeurs (Fabricant de).

Cabinet de figures en cire (Tenant un).
Cabinet de lecture où l'on donne à lire les journaux seulement (Tenant un).
Cabinet particulier de tableaux, d'objets d'histoire naturelle ou d'antiquités (Tenant un).
Cabriolets sur place ou sur remise (Loueur de), s'il n'a qu'un cabriolet.
Calandreur de vieilles étoffes.
Cambreur de tiges de bottes.
Camées faux ou moulés (Fabricant de).
Cannelles et robinets en cuivre (Fabricant de), à façon.
Cannes (Fabricant de), pour son compte.
Cannetille (Fabricant de).
Caractères d'imprimerie (Fondeur de), à façon.
Caractères d'imprimerie (Graveur en).
Caractères mobiles en bois ou en terre cuite (Fabricant et marchand de).
Carcasses ou montures de parapluies (Fabricant de), pour son compte.
Cardeur de laine, de coton, de bourre de soie, filoselle, etc.
Carreleur.
Carrioles (Loueur de).

---

(1) Le particulier qui, dans les campagnes, se livre, sous le nom d'expert, à des estimations mobilières et à l'appréciation, sous le rapport agricole, de la bonne ou mauvaise exploitation des métairies, lors de la sortie des fermiers, doit être considéré comme arpenteur et patenté comme tel. (Ord. du 3 février 1835, Mac., 1835, p. 63; Dalloz, 35. 3. 43.)

Ceinturonnier, pour son compte.
Cendres ordinaires (Marchand de).
Chaises (Loueur de), pour un prix de ferme de cinq cents francs à deux mille francs.
Chapelets (Fabricant et marchand de).
Charnières en fer, cuivre ou fer-blanc (Fabricant de), par les procédés ordinaires, pour son compte.
Chasublier à façon.
Chaudronnier rhabilleur.
Chaussons en lisière et autres (Marchand de).
Chenille en soie (Fabricant de), pour son compte.
Chevaux (Courtier de).
Chèvres et chevreaux (Marchand de).
Chiffonnier en détail.
Chineur.
Cirage ou encaustique (Marchand fabricant de).
Cloutier au marteau, pour son compte.
Coiffes de femmes (Faiseuse et marchande de).
Colle de pâte et de peau (Fabricant de).
Colleur de chaînes pour fabrication de tissus.
Coquetier avec bêtes de somme.
Cordes harmoniques (Fabricant de), à façon.
Cordes métalliques (Fabricant de), à façon.
Cordier (Fabricant de menus cordages, tels que cordes, ficelles, longes, traits, etc.).
Cordons en fil, soie, laine, etc. (Fabricant de), pour son compte.
Corroyeur à façon.
Cosmétiques (Marchand de).
Coton cardé ou gommé (Marchand de).
Coupeur de poils à façon.
Courroies (Apprêteur de), pour son compte.
Courtier de bestiaux.
Coutelier à façon.
Couturière en corsets, en robes ou en linge.
Couvreur en paille ou en chaume.
Crémier ou laitier.
Crépin en bois (Fabricant d'articles de), pour son compte.
Criblier.
Cristaux (Tailleur de).
Crochets pour les fabriques d'étoffes (Fabricant de), pour son compte.
Cuivre vieux (Marchand de).
Cuves, foudres, barriques et tonneaux (Fabricant de).
Déchets de coton (Marchand de).
Décrueur de fil.
Dégraisseur.
Denteleur de scies.
Doreur sur tranches.
Ebéniste (Fabricant), à façon.
Ecailles d'ables ou ablettes (Marchand d').
Echalas (Marchand d').
Ecorcheur ou équarrisseur d'animaux.
Embouchoirs (Faiseur d').
Emailleur à façon.
Enjoliveur (Fabricant), pour son compte.
Eperonnier à façon.
Epicier-regrattier. S'il ne vend qu'au petit poids et à la petite mesure quelques articles d'épiceries, et joint à ce commerce la vente de quelques autres objets, comme poterie de terre, charbon en détail, bois à la falourde, etc.
Epinglier-grillageur.
Equarrisseur de bois.
Equipeur-monteur.
Essence d'Orient (Fabricant d').
Estampeur en métaux autres que l'or et l'argent.
Etriers (Fabricant d'), à façon.
Etrilles (Fabricant d'), à façon.
Eventailliste (Fabricant), pour son compte.
Expert pour le partage et l'estimation des propriétés.
Ferblantier en chambre.
Ferrailleur.
Fiacre (Loueur de), s'il n'a qu'une seule voiture.
Finisseur en horlogerie.
Fleuriste travaillant pour le compte des marchands.
Fendeur de brins de baleine.
Fontaines en grès, à sable (Marchand de).
Forces (Fabricant de), à façon.
Forets (Fabricant de).
Formier.
Fouets, cravaches (Fabricant ou marchand de), pour son compte.
Fournier.
Fourreaux pour sabres, épées, baïonnettes (Fabricant de), pour son compte.
Frangier (Fabricant), pour son compte.
Fretin (Marchand de).
Friseur de drap et autres étoffes de laine.
Friteur ou friturier en boutique.
Fruitier.
Gabare (Maître de) ou gabarier.
Galettes, gauffres, brioches et gâteaux (Marchand de), en boutique.
Galochier.
Galonnier (Fabricant), pour son compte.
Gaînier (Fabricant), pour son compte.
Gargotier.
Gaufreur d'étoffes, de rubans, etc.
Gaules et perches (Marchand de).
Graines fourragères, oléagineuses et autres (Marchand de), en détail.
Grainier ou grainetier.
Gravatier.
Graveur en caractères d'imprimerie.
Graveur sur métaux. Se bornant à graver des cachets ou des planches pour factures et autres objets dits *de ville*.
Grueur.
Guêtrier.
Guillocheur.
Guimpier.
Halage (Loueur de chevaux pour le).
Hameçons (Fabricant d').
Herboriste. Ne vendant que des plantes médicinales fraîches ou sèches.
Hongreur.
Horlogerie (Fabricant de pièces d') à façon.
Horloger-repasseur.
Horloger-rhabilleur (non marchand).
Horloges en bois (Fabricant ou marchand d').
Imprimeur en taille-douce pour objets dits *de ville*.
Imprimeur lithographe (non éditeur).
Imprimeur sur porcelaine, faïence, verre, cristaux, émail, etc.
Ivoire (Fabricant d'objets en) à façon.
Joaillier à façon.
Lait d'ânesse (Marchand de).
Lamier-rotier, pour son compte.
Lapidaire à façon.
Layettes d'enfant (Marchand de).
Légumes secs (Marchand de) en détail.
Lie de vin (Marchand de).
Lin (Fabricant de).
Linge (Marchand de vieux).
Liqueurs et eaux-de vie (Débitant de).
Logeur.
Loueur de livres.
Lunettes (Fabricant de verres de).
Luthier (Fabricant) à façon.
Marbreur sur tranches.

Marchande à la toilette.
Maroquinier à façon.
Mégissier à façon.
Mesures linéaires, règles et équerres (Fabricant de), pour son compte.
Métiers à bas (Forgeur de) à façon.
Metteur en œuvre à façon.
Monteur en bronze.
Moulures (Fabricant de) à façon.
Moutardier (Marchand) en détail.
Muletier.
Nacre de perle (Fabricant d'objets en) à façon.
Navetier (Fabricant).
Oiselier.
Orfèvre à façon.
Orge (Exploitant un moulin à perler l').
Orgues portatives (Facteur) à façon.
Ouate (Fabricant et marchand d').
Outres (Fabricant d') à façon.
Ovalistes.
Paille (Fabricant de tissus pour chapeaux de) à façon.
Paille (Fabricant de tresses, cordonnets, etc., en).
Paille teinte (Fabricant et marchand de).
Pain (Marchand de) en boutique.
Papier de fantaisie (Fabricant de) à façon.
Passementier (Fabricant), pour son compte.
Patachier.
Pâtissier-brioleur.
Pêche (Adjudicataire ou fermier de), pour un prix de ferme de cinq cents francs à deux mille francs.
Pédicure.
Peigneur de chanvre, de lin ou de laine.
Peintre en armoiries, attributs et décors.
Peintre ou doreur, soit sur verre ou cristal, soit sur porcelaine, etc., pour son compte.
Perruquier (1).
Pierre de touche (Marchand de).
Piquonnier.
Planches ou ifs à bouteilles (Fabricant de).
Planeur en métaux.
Plaqueur.
Plumeaux (Marchand fabricant de), pour son compte.
Poires à poudre (Fabricant de), pour son compte.
Poisson (Marchand en détail de).
Pompes de bois (Fabricant de).
Poterie de terre (Marchand de).
Présurier.
Queues de billard (Fabricant de) à façon.
Raquettes (Fabricant de), pour son compte.
Regrattier.
Relieur de livres.
Rentrayeur de couvertures de laine et de coton.
Ressorts de bandages pour les hernies (Fabricant de) à façon.
Ressorts de montres et de pendules (Fabricant de) à façon.
Revendeuse à la toilette pour son compte.
Roseaux (Marchand de).
Rouettes ou harts pour lier les trains de bois (Marchand de).
Ruches pour les abeilles (Fabricant de), pour son compte.
Scieur de long.
Sculpteur en bois à façon.
Seaux ou baquets en sapin (Fabricant de), pour son compte.
Sel (Marchand de) en détail.
Sellier à façon.
Socques (Fabricant et marchand de) en bois.
Soufflets ordinaires (Fabricant et marchand de).
Tableaux (Restaurateur de).
Tabletterie (Fabricant d'objets en) à façon.
Tailleur d'habits à façon.
Toiles grasses (Fabricant de) pour emballage.
Toiles métalliques (Fabricant de) à façon.
Toiseur de bâtiments.
Toiseur de bois.
Tondeur de draps et autres étoffes de laine.
Tonneaux (Marchand de).
Tonnelier.
Torcher.
Tourneur en bois (Marchand), vendant en boutique divers objets en bois faits au tour.
Treillageur.
Tripier.
Ustensiles de ménage (Marchand de vieux).
Vaisselles et ustensiles de bois (Fabricant et marchand de).

HUITIÈME CLASSE.

Accoutreur.
Affiloirs (Marchand d').
Agrafes (Fabricant d'), par procédés ordinaires, à façon.
Aiguilles, clefs et autres petits objets pour montres et pendules (Fabricant d') à façon.
Aiguilles (Facricant d') à coudre ou à faire des bas, par procédés ordinaires, à façon.
Aiguilles pour les métiers à faire des bas (Monteur d').
Allumettes et amadou (Fabricant et marchand d').
Appeaux pour la chasse (Fabricant d').
Apprêteur de chapeaux de feutre.
Approprieur de chapeaux.
Arçonneur.
Artiste en cheveux.
Assembleur.
Balais de bouleau, de bruyère et de grand millet (Marchand de), avec voiture ou bêtes de somme.
Ballons pour lampes (Fabricant de) à façon.
Barbier.
Bardeaux (Fabricant de) à façon.
Batelier.
Bâtonnier.
Baudelier.
Blanchisseur de linge, sans établissement de buanderie.
Bobines pour les manufactures (Fabricant de).
Bois à brûler (Marchand de), qui vend à la falourde, au fagot et cotret.
Bois de galoches et de socques (Faiseur de).
Boisselier (Fabricant) à façon.
Bouchons de flacons (Ajusteur de).
Bouclerie (Fabricant de) à façon.
Boutons de métal, corne, cuir bouilli (Fabricant de) à façon.
Boutons de soie (Fabricant de) à façon.
Bretelles et jarretières (Fabricant de) à façon.
Brioleur avec bêtes de somme.
Briquetier à façon.

(1) Le perruquier qui revend des parfumeries est assujetti à la patente de parfumeur; il prétendrait en vain qu'il ne revend qu'à ses pratiques. (Ord. du 9 novembre 1836, Mac., 1836, p. 482; Dalloz, 37. 3. 132; — ord. du 15 juillet 1841, Mac., 1841, p. 344; Dalloz, 41. 3. 470.)

Brocanteur d'habits sans boutique.
Broches et cannelets pour la filature (Fabricant de) à façon.
Brosses (Fabricant de bois pour).
Brossier (Fabricant) à façon.
Bûches et briquettes factices (Marchand de).
Buffletier (Fabricant) à façon.

Cabas (Faiseur de).
Cadrans de montres et de pendules (Fabricant de) à façon.
Café tout préparé (Débitant de).
Cafetières du Levant ou marabouts (Fabricant de) à façon.
Cages, souricières et tournettes (Fabricant de).
Canevas (Dessinateur de).
Cannes (Fabricant de) à façon.
Caparaçonnier à façon.
Carcasses ou montures de parapluies (Fabricant de) à façon.
Carcasses pour modes (Fabricant de).
Cardes (Fabricant de) à façon, par les procédés ordinaires.
Carrés de montre (Fabricant de) à façon.
Cartons pour les bureaux et autres (Fabricant de) à façon.
Casquettes (Fabricant de) à façon.
Castine (Marchand de).
Ceinturonnier à façon.
Cerclier.
Chaises communes (Fabricant et marchand de).
Chaises (Loueur de) pour un prix de ferme au-dessous de cinq cents francs.
Chamoiseur à façon.
Chandeliers en fer ou en cuivre (Fabricant de) à façon.
Chapeaux (Marchand de vieux) en boutique ou en magasin.
Charbon de bois (Marchand de) en détail.
Charbon de terre épuré ou non (Marchand de) en détail.
Charbonnier-voiturier.
Charnières en fer, cuivre ou fer-blanc (Fabricant de), par procédés ordinaires, à façon.
Charrettes (Loueur de).
Châsses de lunettes (Fabricant de) à façon.
Chaussons en lisière (Fabricant de).
Chenille en soie (Fabricant de) à façon.
Chevilleur.
Clinquant (Fabricant de) à façon.
Cloutier au marteau, à façon.
Colleur de papiers peints.
Cols (Fabricant de) à façon.
Cordes à puits et liens d'écorces (Fabricant de).
Cordons en fil, soie, laine, etc. (Fabricant de) à façon.
Corne (Apprêteur de) à façon.
Corne (Fabricant de feuilles transparentes de) à façon.
Cotrets (Débitants de).
Courroies (Apprêteur de) à façon.
Couverts et autres objets en fer battu ou étamé (Fabricant de) à façon.
Crépin en buis (Fabricant d'articles de) à façon.
Crin (Apprêteur, crêpeur ou friseur de) à façon.
Crinières (Fabricant de) à façon.
Crochets pour les fabriques d'étoffes (Fabricant de) à façon.
Cuillers d'étain (Fondeur ambulant de).

Découpeur d'étoffes ou de papiers.
Découpoirs (Fabricant de) à façon.
Décrotteur en boutique.
Dés à coudre, en métal autre que l'or et l'argent (Fabricant de) à façon.

Ecrans (Fabricant d') à façon.
Elastiques pour bretelles, jarretières, etc. (Fabricant d').
Emeri et rouge à polir (Marchand d').
Enjoliveur (Fabricant) à façon.
Etameur ambulant d'ustensiles de cuisine.
Etoupes (Marchand d').
Eventailliste (Fabricant) à façon.

Fagots et bourrées (Marchand de) en détail, vendant au fagot.
Faînes (Marchand de).
Falourdes (Débitant de).
Feuilles de blé de Turquie (Marchand de).
Figures en cire (Mouleur de) à façon.
Filasse de nerfs (Fabricant de) à façon.
Formaire pour la fabrication du papier, à façon.
Fouets et cravaches (Fabricant de) à façon.
Fourreaux pour sabres, épées, baïonnettes (Fabricant de) à façon.
Frangier à façon.
Frappeur de gaze.
Fuseaux (Fabricant de).

Gaînier à façon.
Galonnier à façon.
Garnisseur d'étuis pour instruments de musique.
Garnitures de parapluies et cannes, telles que bouts, anneaux, cannes, manches, etc. (Fabricant de).
Gibernes (Fabricant de) à façon.
Graveur de musique.
Graveur sur bois.

Harmonicas (Facteur d').

Lamier-rotier à façon.
Langueyeur de porcs.
Limailles (Marchand de).
Limes (Tailleur de).
Livrets (Fabricant de) pour les batteurs d'or ou d'argent.
Loueur en garni (s'il ne loue qu'une chambre).

Marrons (Marchand de) en détail.
Matelassier.
Mèches et veilleuses (Marchand et fabricant de).
Mesures linéaires, règles et équerres (Fabricant de) à façon.
Modiste à façon.
Moireur d'étoffes à façon.
Moules de boutons (Fabricant de).

Nattier.
Nécessaires (Fabricant de) à façon.
Nerfs (Batteur de).

Œillets métalliques (Fabricant d').
Oribus (Faiseur et marchand d').
Os (Fabricant d'objets en) à façon.
Osier (Marchand d').
Ourdisseur de fils.

Paillassons (Fabricant de).
Paillettes et paillons (Fabricant de) à façon.
Papiers verrés ou émerisés (Fabricant de).
Parcheminier à façon.
Passementier (Fabricant) à façon.
Pâte de rose (Fabricant de bijoux en).
Pêche (Adjudicataire ou fermier de) pour un prix de fermage au-dessous de cinq cents francs.
Peignes à sérancer (Fabricant de) à façon.
Peignes d'écaille (Fabricant de) à façon.
Peignes en cannes ou roseaux pour le tissage (Fabricant et marchand de).
Peintre ou doreur, soit sur verre ou cristal, soit sur porcelaine, etc., à façon.
Pelles de bois (Fabricant et marchand de).
Perceur de perles.

Perles fausses (Fabricant de) à façon.
Pinceaux (Fabricant de) à façon.
Piqueur de cartes à dentelles.
Piqueur de grès.
Plieur de fils de soie à façon.
Plumassier à façon.
Plumeaux (Fabricant de) à façon.
Plumes à écrire (Apprêteur de).
Poires à poudre (Fabricant de) à façon.
Pois d'iris (Fabricant de).
Portefeuilles (Fabricant de) à façon.
Porteur d'eau filtrée ou non filtrée, avec cheval et voiture.
Potier de terre ayant moins de cinq ouvriers.
Pressoir (Maître de) à bras.
Puits (Maître cureur de).
Raquettes (Fabricant de) à façon.
Régleur de papier.
Rémouleur ou repasseur de couteaux.
Reperceur.
Rognures de peaux (Marchand de).
Rouleaux (Tourneur de) pour la filature.
Ruches pour les abeilles (Fabricant de) à façon.
Sable (Marchand de).
Sabotier (Fabricant).
Sabots (Marchand de) en détail.
Seaux ou baquets en sapin (Fabricant de) à façon.
Souliers vieux (Marchand de).
Tisserand.
Têtes en carton servant aux marchandes de modes (Fabricant de).
Tourbe (Marchand de) en détail.
Tourneur en bois (Fabricant, sans boutique.
Vannier (Fabricant de vannerie commune).
Vignettes et caractères à jour (Fabricant de) à façon.
Vis (Fabricant de) par procédés ordinaires, à façon.
Voiturier.

TABLEAU B.—*Professions imposées, eu égard à la population, d'après un tarif exceptionnel.*

Profession	Population	Droit fixe
Agent de change	A Paris	1,000 f
	Dans les villes de cent mille âmes et au-dessus	250
	De cinquante mille à cent mille âmes	200
	De trente mille à cinquante mille âmes, et dans les villes de quinze mille à trente mille âmes qui ont un entrepôt réel	150
	Dans les villes de quinze mille à trente mille âmes, et dans les villes d'une population inférieure à quinze mille âmes qui ont un entrepôt réel	100
	Dans toutes les autres communes	75
Banquier (1)	A Paris	1,000
	Dans les villes d'une population de cinquante mille âmes et au-dessus	500
	Dans les villes de trente mille à cinquante mille âmes, et dans celles de quinze mille à trente mille âmes qui ont un entrepôt réel	400
	Dans les villes de quinze mille à trente mille âmes et dans les villes d'une population inférieure à quinze mille âmes qui ont un entrepôt réel	300
	Dans toutes les autres communes	200
Commissionnaire en marchandises	A Paris	400
	Dans les villes d'une population de cinquante mille âmes et au-dessus	300
	Dans les villes de trente mille à cinquante mille âmes, et dans celles de quinze mille à trente mille âmes qui ont un entrepôt réel	200
	Dans les villes de quinze mille à trente mille âmes, et dans les villes d'une population inférieure à quinze mille âmes qui ont un entrepôt réel	150
	Dans toutes les autres communes	75

(1) M. *Manuel* a demandé ce qu'il fallait entendre par banquier, et M. *le rapporteur* a répondu :

« Voici comment le banquier est défini par la jurisprudence actuelle : c'est celui qui cumule diverses opérations, telles que le crédit commercial, les acceptations, le change, les traites et remises de place en place, tandis que l'escompteur est celui qui se borne à faire le papier dans la place où il réside. »

M. *Prosper de Chasseloup-Laubat* a dit, en outre : « Il serait inexact de penser que, dès qu'un négociant se livre à quelques opérations de banque, il est considéré comme banquier ; il est, en effet, impossible qu'un industriel, qu'un négociant ne fasse pas quelques opérations de banque, en ce sens que c'est avec du papier qu'il paie les marchandises qu'il achète ; que c'est avec du papier également qu'on lui solde souvent les marchandises qu'il vend. Mais l'administration et le conseil d'Etat n'ont jamais voulu assimiler aux banquiers les négociants qui se livraient aux opérations dont je viens de parler.

« Le banquier, c'est celui chez lequel on trouve du papier sur différentes places en échange des écus qu'on lui remet ; en un mot, c'est celui qui vend et achète du papier, l'escompte ; enfin, qui fait de ses opérations de banque l'objet unique ou principal de son industrie.

« Ainsi, ou ces opérations sont l'accessoire d'une autre industrie, et alors le commerçant, l'industriel ne sont imposés qu'eu égard à l'industrie, au commerce qu'il exerce, ou bien ces opérations font l'objet principal de l'industrie de celui qui s'y livre, et alors c'est en qualité de banquier qu'il doit être patenté.

« Voilà quelle a été la jurisprudence constante du conseil d'Etat, fondée sur la réalité des faits. »

Profession	Lieu	Droit
Commissionnaire entrepositaire. Commissionnaire de transports par terre et par eau (1). Courtier d'assurances. Courtier de navires. Courtier de marchandises.	A Paris.	250
	Dans les villes de cinquante mille âmes et au-dessus.	200
	Dans les villes de trente mille à cinquante mille âmes, et dans celles de quinze mille à trente mille âmes qui ont un entrepôt réel.	150
	Dans les villes de quinze mille à trente mille âmes, et dans dans les villes d'une population inférieure à quinze mille âmes qui ont un entrepôt réel.	100
	Dans toutes les autres communes.	50
Entrepreneur d'éclairage à l'huile.	A Paris.	300
	Dans les villes de cinquante mille âmes et au-dessus.	150
	Dans les villes de trente mille à cinquante mille âmes.	100
	Dans les villes de quinze mille à trente mille âmes.	50
	Dans toutes les autres communes.	25
Facteur aux halles de Paris.	Pour les farines, le beurre, les œufs, les fromages et le poisson salé.	150
	Pour les grains, graines et grenailles, la marée, les huîtres et les cuirs.	100
	Pour le poisson d'eau douce, la volaille, le gibier, les agneaux, cochons de lait, veaux de rivière et de Pré-salé, les veaux, les charbons de bois arrivés par eau, les draps, les toiles, les fourrages.	75
	Pour le charbon de bois arrivé par terre ou pour le charbon de terre.	50
	Pour les fruits et légumes.	25
Gaz pour l'éclairage (fabrique de).	Pour les fabriques qui fournissent l'éclairage de tout ou partie de la ville de Paris.	600
	Des villes de cinquante mille âmes et au-dessus.	400
	Des villes de trente mille âmes et au-dessus.	200
	Des villes de quinze mille à trente mille âmes.	150
	Des villes au-dessous de quinze mille âmes.	75
Inhumations et pompes funèbres de Paris (Entreprise des).		1,000
Monnaies (Directeur des).	A Paris.	1,000
	Dans toutes les autres villes.	500
Négociant.	A Paris.	400
	Dans les villes de cinquante mille âmes et au-dessus.	300
	Dans les villes de trente mille à cinquante mille âmes, et dans celles de quinze à trente mille âmes qui ont un entrepôt réel.	200
	Dans les villes de quinze mille à trente mille âmes, et dans les villes d'une population inférieure à quinze mille âmes qui ont un entrepôt réel.	150
	Dans toutes les autres communes.	100

Voy. en effet ord. du 20 décembre 1836, Mac., 1836, p. 538; Dalloz, 38. 3. 49; — ord. du 17 mai 1837, Mac., 1837, p. 171; Dalloz, 38. 3. 49; — ord. du 26 mai 1837, Mac., 1837, p. 205; Dalloz, 38. 3. 46.

Mais celui qui se livre à des opérations de prêts et d'escomptes, avec ses propres capitaux, exclusivement, n'est point soumis à la patente. (Ord. du 18 mai 1838, Mac., 2e série, t. 8, p. 267; Dalloz, 39. 3. 99.)

Jugé encore que la qualité de banquier ne dépend que de la nature des opérations auxquelles se livre le contribuable et non de l'étendue de ses opérations. (Ord. du 30 juillet 1839, Mac., 1839, p. 420; Dalloz, 40. 3. 64.)

(1) M. *Muret de Bort* a demandé pourquoi l'on avait distingué les commissionnaires de transport des entrepreneurs de roulage.

M. *Ternaux* a répondu :

« La commission a pensé qu'il s'agissait de deux professions différentes. L'entrepreneur de roulage, tout le monde sait ce que c'est que cette profession, il n'est pas besoin de la définir.

« Le commissionnaire de transports par terre et par eau est un individu qui ne fait pas par lui-même les transports, mais qui se charge d'être l'intermédiaire entre ceux qui ont des transports à effectuer et les entrepreneurs de roulage ou les propriétaires de bateaux; il fait seulement la commission. Il y a une différence essentielle entre celui qui entreprend ainsi le commerce des transports et celui qui ne sert que d'intermédiaire entre l'entrepreneur de roulage et le négociant qui lui confie des colis. »

M. *le ministre des finances* a dit aussi :

« Le gouvernement avait proposé un droit différent pour les commissionnaires de transports par terre et par eau et pour les entrepreneurs de roulage, parce qu'il avait pensé que c'était effectivement un genre d'industrie différent de celui des entrepreneurs de roulage, notamment le transport par eau. Ce genre d'industrie, obligé de recevoir en dépôt des objets et de les conserver plus longtemps que les entrepreneurs de roulage qui les expédient promptement, avait besoin, par cela même, de plus de locaux. Le gouvernement avait trouvé là un motif pour imposer un droit fixe. Si l'on faisait transporter le tout à l'entrepreneur de roulage, il est évident qu'il faudrait une définition plus complète, car il y a des commissionnaires qui s'occupent uniquement de transport

Pont (Concessionnaires ou fermiers de péage sur un).	Dans l'intérieur de Paris.	200 f
	Dans l'intérieur d'une ville de cinquante mille âmes et au-dessus.	100
	Dans l'intérieur d'une ville de vingt mille à trente mille âmes.	75
	Dans les autres communes d'une population inférieure à vingt mille âmes, lorsque le pont réunit deux parties d'une route royale.	75
	D'une route départementale.	50
	D'un chemin vicinal de grande communication.	25
	D'un chemin vicinal.	15
Roulage (Entrepreneur de).	A Paris.	300
	Dans les villes de cinquante mille âmes et au-dessus.	200
	Dans les villes de trente mille à cinquante mille âmes, et dans celles de quinze mille à trente mille âmes qui ont un entrepôt réel.	150
	Dans les villes de quinze mille à trente mille âmes, et dans les villes d'une population inférieure à quinze mille âmes qui ont un entrepôt réel.	100
	Dans toutes les autres communes.	75

TABLEAU C. — *Professions imposées sans égard à la population.*

PREMIÈRE PARTIE. — *Droit proportionnel au quinzième.*

Armateur pour le long cours.	Quarante centimes par chaque tonneau, jusqu'au maximum de quatre cents francs.
Armateur pour le grand et le petit cabotage, la pêche de la baleine et celle de la morue.	Vingt-cinq centimes par chaque tonneau, jusqu'au maximum de quatre cents francs (1).

par eau qu'on ne peut appeler des commissionnaires de roulage. »

(1) M. *Mermilliod* a réclamé des explications sur le point de savoir comment cette disposition serait appliquée aux bâteaux à vapeur.

M. *le ministre des finances* a répondu :

« Il y a deux espèces de bateaux à vapeur : ceux qui sont l'objet d'entreprises régulières et ceux que les armateurs peuvent équiper pour des entreprises accidentelles.

« Pour les entreprises régulières, il y a dans le tableau C des dispositions particulières qui ne sont pas en raison du tonnage.

« Quant à ceux qui sont équipés pour des entreprises particulières, accidentelles, je remercie l'honorable M. Mermilliod d'avoir posé la question, parce qu'il m'a fourni l'occasion d'expliquer l'intention du gouvernement.

« Son intention est de procéder comme pour le droit de tonnage. Pour le droit de tonnage, on déduit de la capacité du bâtiment l'espace occupé par la machine et par le combustible, on ne considère que la partie qui est disponible pour le commerce. On procédera ainsi pour les armateurs de bâtiments à vapeur. La règle existait donc ; elle était tracée pour un cas tout à fait analogue. »

« Il était bon, a dit M. *Mermilliod*, de savoir si elle serait appliquée. »

La loi du 1er brumaire an 7 imposait à la patente de troisième classe *les propriétaires de bâtiments faisant le cabotage.*

Le conseil d'État, se fondant sur cette disposition, a constamment jugé que le propriétaire d'un navire de cabotage doit être imposé à la patente, alors même qu'il y a un négociant qui charge et expédie le navire et qui est patenté. (Voy. ord du 4 juillet 1838, Mac., 1838, p. 357.)

Il admet seulement que le principal propriétaire est seul imposé, à l'exclusion des simples intéressés dans la propriété du navire, qui sont étrangers au négoce. (Ord. du 18 décembre 1840, Mac., 1840, p. 427; Dalloz, 40. 2. 56 et 41. 3. 255.) — Voy. *suprà*, p. 19, en note.

M. *le ministre de l'agriculture et du commerce* avait donné un avis contraire à cette dernière décision. Après avoir rappelé ce principe que l'impôt de la patente ne peut atteindre que les actes de commerce et les industries, il s'était exprimé en ces termes :

« Une seule exception, dans le système du ministre des finances, existerait à l'égard des bâtiments employés au cabotage. La patente, qu'aucun texte n'impose aux navires au long cours ou faisant le cabotage d'une mer dans l'autre, serait demandée au cabotage des côtes. Ainsi, l'exception du droit profiterait à la grande navigation et serait refusée à la navigation côtière, véritable école de notre marine que le législateur a voulu favoriser, témoin l'art. 29 de la loi de brumaire an 7, qui exempte les pêcheurs de la patente. Cette conséquence, à laquelle on est conduit forcément par l'interprétation qu'on voudrait donner au texte, est évidemment contraire au principe en matière de patente et à l'intérêt maritime.

« Que faut-il donc voir dans la disposition de la loi qui soumet à l'impôt les *propriétaires des bâtiments faisant le cabotage?* Que le législateur a voulu atteindre le propriétaire faisant le cabotage et non le bâtiment employé à cette navigation ; qu'en fait, la confusion a pu s'établir d'autant plus facilement que les propriétaires de barques de cabotage en sont généralement les armateurs, les expéditeurs et souvent même les patrons, et que la réunion habituelle, dans le même individu, de ces diverses qualités, en rendant toute distinction inutile, a dû faire perdre de vue le principe ; mais, au fond, c'est le fait du cabotage et non la possession du bâtiment que la loi a dû et voulu atteindre, à peine d'arriver à l'étrange anomalie que j'ai signalée plus haut.

Assurances (1), non mutuelles, dont les opérations s'étendent à plus de vingt départements.		1,000
	De six à vingt départements.	500
	A moins de six départements.	300
Banque de France y compris ses comptoirs.		10,000
Banque dans les départements.	Ayant un capital de deux millions et au-dessous.	1,000
	Par chaque million de capital en sus, deux cents francs, jusqu'au maximum de deux mille francs.	
Bateaux et paquebots à vapeur pour le transport des voyageurs (Entreprise de).		
Pour voyages de long cours.		300
Sur fleuves, rivières et le long des côtes.		200
Bateaux et paquebots à vapeur pour le transport des marchandises (Entreprise de).		200
Bateaux à vapeur remorqueurs (Entreprise de).		150
Canaux navigables avec péage (Concessionnaire de).		200
Plus vingt francs par myriamètre complet, en sus du premier, jusqu'au maximum de mille francs.		
Coches d'eau (Entreprise de).		100
Défrichement ou desséchement (Compagnie de).		300
Fournisseurs généraux.	d'objets concernant l'habillement, l'armement, la remonte, le harnachement et l'équipement des troupes, etc.	1,000
	de subsistances aux armées.	1,000
	de bois et lumière aux troupes.	1,000
Fournisseur des objets ci-dessus indiqués, par division militaire.		150
Fournisseur de fourrages aux troupes dans les garnisons.		100
Fournisseur de vivres et fourrages dans un gîte d'étape.		25
Fournisseur de bois et de lumière aux troupes dans les garnisons.		25
Magasin de plusieurs espèces de marchandises (Tenant un), lorsqu'il occupe habituellement au moins vingt-cinq personnes préposées à la vente.		1,000
Marchand forain (2).	Avec voiture à un seul collier.	60
	A deux colliers.	120
	A trois colliers et au-dessus ou ayant plus d'une voiture.	200
	Avec bête de somme.	40
	Avec balle.	15
(Les droits ci-dessus sont réduits de moitié lorsque le marchand forain ne vend que de la boissellerie, de la poterie, de la vannerie ou des balais.)		
Tontine (Société de).		300

DEUXIÈME PARTIE.

Droit proportionnel.	Au vingtième : 1° sur la maison d'habitation ; 2° Sur les magasins de vente complétement séparés de l'établissement.	
	Au vingt-cinquième : sur l'établissement industriel.	
Aiguilles à coudre ou à faire des bas par procédés ordinaires (Fabricant d'), pour son compte.		25
Amidon (Fabrique d').	Ayant dix ouvriers et au-dessous.	25
	Et trois francs par chaque ouvrier en sus, jusqu'au maximum de deux cents francs.	

« La clause de la loi de brumaire an 7, sur laquelle on se fonde, est restée pendant quarante ans une lettre morte entre les mains de l'administration publique. Or, peut-on, après un si long oubli, faire revivre une disposition que condamne son défaut même d'application, surtout lorsqu'au fond les bâtiments ne pouvant s'armer ou s'expédier seuls, l'impôt a toujours trouvé un assujetti dans la personne de l'armateur ou de l'expéditeur. »

Malgré la puissance de ces raisons, le conseil d'Etat, je viens de le dire, a soumis à la patente les simples propriétaires de navires.

Cette jurisprudence doit-elle être encore suivie sous l'empire de la loi nouvelle? Je ne le pense pas; elle ne reposait, en effet, que sur le texte formel de la loi du 1er brumaire an 7 que j'ai rappelé plus haut, et que la loi nouvelle a implicitement abrogé en ne le reproduisant pas.

Que si l'on prétendait que les propriétaires de navires doivent être assujettis à la patente, parce que l'art. 13 ne les en a pas formellement exemptés, on pourrait répondre avec raison que, d'après l'art. 4, il faudrait alors les faire rentrer par assimilation dans l'une des catégories établies par la loi. Or, on ne peut certainement assimiler les simples propriétaires aux *armateurs*, puisqu'ils sont étrangers à toute opération de cabotage; et l'on ne peut trouver en eux que leur qualité de propriétaire, qu'aucune loi ne soumet à la patente.

(1) Les agents des compagnies d'assurances ne sont pas en cette qualité personnellement soumis à la patente. (Ord., 4 novembre 1835, Mac, 1835, p. 601; Dalloz, 36. 3. 53.)

(2) Le marchand sédentaire, qui se borne à fréquenter les foires de l'arrondissement où il a son domicile, et où il paie le droit proportionnel, doit être considéré comme marchand forain, et patenté comme tel. (Ord., 3 mars 1840, Mac, 1840, p. 78; Dalloz, 40. 3. 95.)

La qualification de *marchands forains* ne peut s'appliquer aux *marchands de porcs ou de bestiaux*, qui ne vendent que dans les foires et marchés; il n'y a pas lieu, par conséquent, de leur attribuer le bénéfice de la réduction au demi-droit, que la loi de brumaire an 7 accordait aux marchands ambulants. (Ord., 26 août 1842, Mac, 1842, p. 419.)

Profession	Conditions	Droit
Ardoisières (Exploitant d').	Ayant dix ouvriers et au-dessous.	25 f
	Et trois francs par chaque ouvrier en sus, jusqu'au maximum de quatre cents francs.	
Blanc de baleine (Raffinerie de).	Ayant cinq ouvriers et au-dessous.	25
	Et trois francs par chaque ouvrier en sus, jusqu'au maximum de deux cents francs.	
Bougies, cierges, etc. (Fabrique de).	Ayant cinq ouvriers et au-dessous.	25
	Et trois francs par chaque ouvrier en sus, jusqu'au maximum de trois cents francs.	
Brais, goudrons, poix résines et autres matières analogues (Fabrique de).		25
Briques (Fabrique de).	Ayant cinq ouvriers et au-dessous.	15
	Et deux francs par chaque ouvrier en sus, jusqu'au maximum de cent francs.	
Café de chicorée (Fabrique de).		50
Capsules ou amorces de chasse (Fabricant de).		50
Cendres gravelées (Fabrique de).		25
Chandelles (Fabrique de).	Ayant cinq ouvriers et au-dessous.	10
	Et trois francs par chaque ouvrier en sus, jusqu'au maximum de cent francs.	
Chaux naturelle (Fabrique de) (1).	Pour un four.	15
	Pour deux.	30
	Et pour trois fours et au-dessus.	50
Chaux artificielle (Fabrique de).	Pour un four.	20
	Pour deux.	50
	Et pour trois fours et au-dessus.	80
Cire (Blanchisserie de).	Ayant cinq ouvriers et au-dessous.	25
	Et trois francs par chaque ouvrier en sus, jusqu'au maximum de deux cents francs.	
Colle-forte (Fabrique de).	Ayant cinq ouvriers et au-dessous.	25
	Et trois francs par chaque ouvrier en sus, jusqu'au maximum de cent francs.	
Crayons (Fabrique de).	Ayant cinq ouvriers et au-dessous.	25
	Et trois francs par chaque ouvrier en sus, jusqu'au maximum de trois cents francs.	
Creusets (Fabrique de).		25
Encre d'impression (Fabricant d')	Ayant cinq ouvriers et au-dessous.	25
	Et trois francs par chaque ouvrier, jusqu'au maximum de deux cents francs.	
Engrais (Marchand d').		25
Esprit ou eau-de-vie de vin (Fabrique d').		50
Esprit ou eau-de-vie de marc de raisin, cidre, poiré, fécules et autres substances analogues (Fabrique d').		25
Etain (Fabrique d') pour glaces.	Ayant dix ouvriers et au-dessous.	50
	Et trois francs par chaque ouvrier en sus, jusqu'au maximum de trois cents francs.	
Fécules de pommes de terre (Fabrique de).	Ayant dix ouvriers et au-dessous.	25
	Et trois francs par chaque ouvrier, jusqu'au maximum de deux cents francs.	
Fontainier, sondeur et foreur de puits artésiens.		50
Formes à sucre (Fabrique de).	Vingt-cinq francs pour cinq ouvriers et au-dessous, et trois francs par chaque ouvrier en sus, jusqu'au maximum de cent francs.	
Gélatine (Fabrique de).	Ayant cinq ouvriers et au-dessous.	25
	Et trois francs par chaque ouvrier, jusqu'au maximum de deux cents francs.	
Glacières (Maître de).		50

(1) Sur la demande de M. *Deslongrais*, M. *le ministre des finances* a donné les explications suivantes : « Il est certain, a-t-il dit, que le cultivateur qui fabrique de la chaux pour lui n'est pas sujet à la patente : la patente ne s'applique qu'à ceux qui sont industriels ou commerçants, c'est-à-dire à ceux qui vendent. Mais le cultivateur ne saurait jamais être atteint par la patente.

« Quant aux fabricants de chaux, il est certain aussi que la disposition de la loi est générale, qu'on ne peut s'informer de la destination qu'on veut donner à la chaux. Ainsi, celui qui vend de la chaux aux agriculteurs ou aux constructeurs, est un industriel dans tous les cas. »

Le particulier qui exploite un four à chaux avec la pierre extraite de ses carrières et le bois provenant de ses forêts, n'est point exempté de la patente ; la pierre calcaire ne peut être considérée comme *fruits des terrains* qu'il possède. (Ord. du 1er juillet 1839, Mac., 1839, p. 368 ; Dalloz, 40. 3. 47.)

Mastics et ciments (Fabrique de)		50 f
Noir animal (Fabrique de)		50
Pâtes alimentaires (Fabrique de).	Ayant cinq ouvriers et au-dessous	25
	Et trois francs par chaque ouvrier, jusqu'au maximum de deux cents francs.	
Pierres à feu (Fabricant, expéditeur de)		25
Pipes (Fabrique de), vingt-cinq francs par four, jusqu'au maximum de cent cinquante francs.		
Plâtre (Fabrique de)	Pour un four	15
	Pour deux fours	30
	Pour trois fours et au-dessus	50
Pointes (Fabrique de), par procédés ordinaires	Ayant dix ouvriers et au-dessous	25
	Plus trois francs par chaque ouvrier en sus, jusqu'au maximum de trois cents francs.	
Poterie (Fabrique de)	Trois francs par chaque ouvrier, jusqu'au maximum de trois cents francs.	
Réglisse (Fabrique de)	Ayant cinq ouvriers et au-dessous	25
	Et trois francs par chaque ouvrier en sus, jusqu'au maximum de deux cents francs.	
Savon (Fabrique de)	Trente francs pour une ou plusieurs chaudières ayant une capacité minimum de trente hectolitres.	
	Un franc en plus par chaque hectolitre excédant le chiffre de trente, jusqu'au maximum de quatre cents francs.	
Sel (Raffinerie de)		100
Suif (Fondeur de)	Ayant cinq ouvriers et au-dessous	10
	Et trois francs par chaque ouvrier en sus, jusqu'au maximum de cent francs.	
Taffetas gommés ou cirés (Fabricant de)		50
Tapis peints ou vernis (Fabricant de)		50
Toiles cirées ou vernies (Fabricant de)		50
Tourbes carbonisées (Fabrique de)		25
Tuiles (Fabrique de)	Ayant cinq ouvriers et au-dessous	15
	Et deux francs par chaque ouvrier en sus, jusqu'au maximum de cent francs.	

TROISIÈME PARTIE.

Droit proportionnel	Au vingtième : 1° sur la maison d'habitation ;	
	2° Sur les magasins de vente complétement séparés de l'établissement.	
	Au quarantième : sur l'établissement industriel.	
Acier fondu ou acier de cémentation (Fabrique de)	Ayant trois ouvriers et au-dessous	15
	Et trois francs par chaque ouvrier en sus, jusqu'au maximum de trois cents francs.	

(Ce droit sera réduit de moitié pour les fabriques qui sont forcées de chômer, par crue ou par manque d'eau, pendant une partie de l'année équivalente au moins à quatre mois.)

Acier naturel (Fabrique d'), imposable comme les forges et hauts-fourneaux.		
Agrafes (Fabrique d'), par procédés mécaniques		50
Aiguilles à coudre ou à tricoter, ou pour métiers à faire des bas par procédés mécaniques (Manufacture d')	Ayant cinq ouvriers et au-dessous	25
	Plus trois francs par chaque ouvrier en sus, jusqu'au maximum de trois cents francs.	
Armes blanches (Fabrique d')		100
Armes (Manufactures d') de guerre		400
Biscuit de mer (Fabrique de)		50
Blanchisserie de toiles et fils pour le commerce, par procédés mécaniques :		
Ayant cinq ouvriers et au-dessous		25
Et trois francs par chaque ouvrier en sus, jusqu'au maximum de trois cents francs.		
Bocard, patouillet ou lavoir de minerai	Pour chaque usine	15
	Jusqu'au maximum de cent francs.	

(Ce droit sera réduit de moitié pour les bocards, patouillets ou lavoirs qui sont forcés de chômer, par crue ou par manque d'eau, pendant une partie de l'année équivalente au moins à quatre mois.)

Brasserie :		
Pour chaque chaudière contenant moins de dix hectolitres		10
Pour chaque chaudière de dix à vingt hectolitres		20
Pour chaque chaudière de vingt à trente hectolitres		30
Pour chaque chaudière de trente à quarante hectolitres		40
Pour chaque chaudière de quarante à soixante hectolitres		60
Pour chaque chaudière au-dessus de soixante hectolitres, jusqu'au maximum de quatre cents francs.		100

Ce droit sera réduit de moitié pour les brasseries qui ne brassent que quatre fois au plus par an.)

Cartonnage (Fabrique de)	Trente francs par cuve, jusqu'au maximum de cent cinquante francs.	

(Ce droit sera réduit de moitié pour les fabriques qui sont forcées de chômer, par manque ou par crue d'eau, pendant une partie de l'année équivalente au moins à quatre mois.)

Profession	Détail	Droit
Chaudronnerie pour les appareils à vapeur, à distiller, à concentrer, etc. (Fabrique de). . .		200f
Chemin de fer avec péage (Concessionnaire de).		200
Plus, vingt francs par myriamètre en sus du premier, jusqu'au maximum de mille francs.		
Clous et pointes (Fabrique de), par procédés mécaniques. . .	Pour dix métiers et au-dessus.	50
	Plus cinq francs pour chaque métier en sus de dix, jusqu'au maximum de quatre cents francs.	
Convois militaires (Entreprise générale des).		1,000
Convois militaires (Entreprise particulière des), pour une division militaire.		100
Convois militaires (Entreprise particulière pour gîtes d'étape).		25
Cocons (Filerie de), un franc cinquante centimes par bassine ou tour, jusqu'au maximum de quatre cents francs.		
Cristaux (Manufacture de).		300
Diligence partant à jours et heures fixes (1) (Entrepreneur de), parcourant une distance de deux myriamètres et au-dessous.		25
Pour chaque myriamètre complet en sus des deux premiers, cinq francs, jusqu'au maximum de mille francs.		
Eaux minérales et thermales (Exploitation d').		150
Enclumes, essieux et gros étaux (Manufacture d').	Par feu.	25
	jusqu'au maximum de cent cinquante francs.	
Epingles (Manufacture d'), par procédés mécaniques. . . .	Ayant dix ouvriers et au-dessous.	25
	Plus trois francs par chaque ouvrier en sus, jusqu'au maximum de trois cents francs.	
Faïence (Manufacture de). . .	Par four.	25
	jusqu'au maximum de cent cinquante francs.	
Faux et faucilles (Fabrique de). .	Dix ouvriers et au-dessous.	25
	Et trois francs par chaque ouvrier en sus de ce nombre, jusqu'au maximum de trois cents francs.	
Fer-blanc (Fabrique de). . . .	Jusqu'à vingt ouvriers.	100
	Plus trois francs par chaque ouvrier en sus, jusqu'au maximum de quatre cents francs.	
Ferronnerie, serrurerie et clous forgés (Fabricant de). . . .	Ayant dix ouvriers et au-dessous.	25
	Et trois francs par chaque ouvrier en sus, jusqu'au maximum de trois cents francs.	
Forges et hauts-fourneaux (Maître de) (2).	Ayant au moins trois hauts-fourneaux au coke.	500
	Plusieurs hauts-fourneaux au coke avec fonderies, forges et laminoirs.	500
	Deux hauts-fourneaux au coke.	400
	Un haut-fourneau au coke avec forges et laminoirs. . .	400
	Un haut-fourneau au coke avec une fonderie.	300
	Un haut-fourneau au coke.	250
	Trois hauts-fourneaux au bois et plus.	400
	Un établissement ou un ensemble d'établissement réunissant à plus de quatre feux d'affinerie ou quatre fours à pudler une fabrication de tôle, ou deux autres systèmes au moins de sous-fabrication de métaux, soit fonderie, tréfilerie, ferblanterie, métiers à clous et à pointe. . .	400
	Un haut-fourneau au bois avec plusieurs forges, ou deux hauts-fourneaux au bois avec une seule forge.	300
	Plus de deux hauts-fourneaux au bois avec une ou plusieurs forges.	400
	Deux hauts-fourneaux au bois.	250
	Un haut-fourneau au bois avec une fonderie.	250
	Un haut-fourneau au bois avec une forge.	200

(1) Le maître de poste est exempt de patente pour le service public dont il est chargé (voy. note sur l'art. 13, p. 247); mais s'il se livre à des entreprises de diligences pour son propre compte, il est soumis à la patente pour ce fait. (Ord. du 4 novembre 1836; Mac., 1836, p. 12; Dalloz, 37. 3. 132; — ord. du 15 avril 1828, Mac., 1828, p. 339.)

De même, on doit considérer comme entrepreneur de voitures publiques un particulier qui, chargé d'un transport de dépêches pour l'État, transporte également des voyageurs dans les diligences affectées au service des dépêches, bien que le départ de ces voitures soit fixé par l'administration, et que le transport des voyageurs ne soit qu'accessoire et accidentel. (Ord. 17 janvier 1838, Mac., 1838, p. 31; Dalloz, 38. 3. 208; — ord. du 26 novembre 1841, Mac., 1841, p. 511.

Le particulier qui fait partir une voiture publique à jours et heures fixes doit la patente d'entrepreneur de voitures publiques, et non simplement celle de loueur de chevaux et de voitures suspendues. (Ord. du 17 août 1841, Mac., 1841, p. 455.)

(2) Les usines en non activité sont exemptées du droit proportionnel, encore bien qu'elles ne chôment que par la volonté de celui qui les détient. (Ord. du 23 juillet 1840, Mac., 1840, p. 245; Dalloz, 41. 3. 352.)

Profession	Détail	Droit
Forges et hauts-fourneaux (Maître de).	Une ou plusieurs forges avec laminoirs, tréfilerie, et tout autre système de sous-fabrication métallurgique.	200
	Un haut-fourneau au bois.	150
	Une forge à trois marteaux et plus.	100
	Trois forges à la catalane et plus.	100
	Une forge où l'action des marteaux est remplacée par celle d'un laminoir cingleur.	100
	Une forge à deux marteaux.	50
	Deux forges à la catalane.	50
	Une forge à un seul marteau.	25
	Une forge dite *catalane*.	25

(Ces droits seront réduits de moitié pour les forges dites *catalanes* et pour les forges à un ou deux marteaux, lorsqu'elles seront forcées, par manque et par crue d'eau, de chômer pendant une partie de l'année équivalente au moins à quatre mois.)

Profession	Détail	Droit
Fonderie de cuivre (Entrepreneur de).	Ayant plusieurs laminoirs.	300
	Un laminoir ou plusieurs martinets.	200
	Se bornant à convertir le cuivre rouge en cuivre jaune.	100
Fonderie de cuivre et bronze (Entrepreneur de).	Fondant des objets de grande dimension, tels que cylindres ou rouleaux d'impression pour les manufactures, ou grandes pièces de mécaniques, etc.	200
	Ne fondant que des objets d'art ou d'ornementation, ou des pièces de mécanique de petite dimension.	100
	Ne fondant que des objets d'un usage commun et de petite dimension, comme robinets, clochettes, anneaux, etc.	50
Fonderie en fer de seconde fusion (Entrepreneur de).	Fabricant des objets de grande dimension, tels que cylindres, grilles, colonnes, pilastres, bornes et grandes pièces de mécanique, etc.	200
	Ne fabriquant que des objets de petite dimension pour l'ornementation, ou de petites pièces de mécanique.	100
Glaces (Manufacture de).		400
Gobeleterie (Manufacture de).	Cinquante francs par four de fusion, jusqu'au maximum de trois cents francs.	
Huîtres (Marchand expéditeur d') avec voitures servies par des relais.		100
Kaolin (Exploitant une usine à pulvériser le). Par chaque usine. jusqu'au maximum de cent francs.		15

(Ce droit sera réduit de moitié pour les usines qui sont forcées, par manque ou par crue d'eau, de chômer pendant une partie de l'année équivalente au moins à quatre mois.)

Profession	Détail	Droit
Laminerie (Entrepreneur de).	Ayant trois paires de cylindres et au-dessus.	300
	Ayant deux paires de cylindres de grande dimension.	250
	Ayant une seule paire de cylindres de grande dimension, ou deux paires de cylindres de petite dimension, au-dessous d'un mètre de longueur.	200
	Ayant une seule paire de cylindres de petite dimension, au-dessous d'un mètre de longueur.	100
Lamier-rotier par procédés mécaniques.		50
Limes (Fabrique de).	Ayant dix ouvriers et au-dessous.	25
	Trois frans pour chaque ouvrier en sus, jusqu'au maximum de trois cents francs.	
Lits militaires (Entreprise générale des).		1,000
Mareyeur, expéditeur avec voitures servies par des relais.		100
Maison particulière de santé (Tenant une).		100
Maroquin (Fabrique de), avec machine à vapeur ou moteur hydraulique.		100
Martinets, par arbre de camage. jusqu'au maximum de deux cents francs.		15

(Ce droit sera réduit de moitié pour les fabriques qui sont forcées, par manque ou par crue d'eau, de chômer pendant une partie de l'année équivalente au moins à quatre mois.)

Moulin à blé, à huile, à garence, à tan, etc. :
Six francs pour une seule paire de meules ou de cylindres.
Quinze francs pour deux paires de meules ou de cylindres.
Vingt-cinq francs pour trois paires de meules ou de cylindres.
Quarante francs pour quatre paires de meules ou de cylindres.
Et vingt francs par paire de meules ou de cylindres en sus, jusqu'au maximum de trois cents francs.
(Ce droit sera réduit de moitié pour les moulins à vent et pour les moulins à eau qui, par manque ou par crue d'eau, sont forcés de chômer pendant une partie de l'année équivalente au moins à quatre mois.) (1)

(1) La rédaction première se contentait de dire : « Le droit sera réduit de moitié pour les moulins à vent et pour les usines à eaux qui ne sont alimentées qu'une partie de l'année ou forcées de chômer par manque ou par crue d'eau : »

C'est la commission elle-même qui a ajouté ces

Moulinier en soie.	Par cent tavelles. . . . . jusqu'au maximum de deux cents francs.	10f
Orthopédie (Tenant un établissement d').		100
Papeterie à la cuve.	Par cuve. . . . . jusqu'au maximum de cent francs.	15

(Ce droit sera réduit de moitié pour les papeteries à la cuve qui sont forcées, par manque ou par crue d'eau, de chômer pendant une partie de l'année équivalente au moins à quatre mois.)

Papeterie à la mécanique (1) :

La première machine.		150

Plus cinquante francs par machine, jusqu'au maximum de quatre cents francs.

Papiers peints pour tenture (Fabrique de).	Pour quinze tables et au-dessous. . . . . Et trois francs par table en sus, jusqu'au maximum de trois cents francs. Un cylindre sera compté pour vingt-cinq tables.	40

Porcelaines (Manufacture de).

Trente francs par four, jusqu'au maximum de trois cents francs.

Produits chimiques (Manufacture de).	Ayant cinq ouvriers et au-dessous. . . . . Et trois francs par chaque ouvrier en sus, jusqu'au maximum de trois cents francs.	25
Quincaillerie (Fabrique de). . .	Ayant dix ouvriers et au-dessous. . . . . Plus trois francs par chaque ouvrier en sus, jusqu'au maximum de trois cents francs.	25

---

derniers mots : « pendant une partie de l'année équivalente au moins à quatre mois. »

M. *Darblay* a demandé à la commission comment on pourrait constater le chômage d'au moins quatre mois.

« Ces chômages sont très-fréquents, a-t-il dit, et d'une durée très-inégale, très-incertaine.

« Comment pourra-t-on constater chacun de ces chômages pour en faire la réunion de quatre mois au moins?

« L'exécution m'en paraît impossible, et je dois croire que la commission l'avait pensé comme moi, puisque sa première rédaction ne ressemblait pas à sa dernière. »

M. *Ternaux* a répondu au nom de la commission :

« Dans la première rédaction de la commission, le droit était réduit de moitié pour les usines mues par l'eau, et qui étaient forcées de chômer une partie de l'année. On ne spécifiait pas si c'était un jour, un mois ou six mois. Les propriétaires de moulins qui auraient eu le moindre chômage s'en seraient prévalus pour obtenir la réduction de la moitié du droit. La commission a pensé qu'il fallait une limite fixe. C'est pour cela que la nouvelle rédaction n'exempte que les usines qui chôment une partie de l'année équivalente au moins à quatre mois.

« Par le mot *équivalente* nous avons voulu faire comprendre que ce ne devait pas être un chômage consécutif, mais que l'on pourrait réunir plusieurs chômages, pourvu que ces chômages réunis fussent équivalents à une durée de quatre mois de l'année; si le moulin chôme soit par manque d'eau, soit par crue d'eau, il se trouve dans le cas de l'article restrictif, et par conséquent il ne paiera que la moitié du droit. Nous avons voulu spécifier, pour que les conseils de préfecture et les contrôleurs eussent une règle fixe et nullement arbitraire.

« Maintenant, M. Darblay demande comment on constatera que le moulin chôme moins de quatre mois, ou plus de quatre mois dans l'année, je réponds que ce sera d'après la notoriété publique :

« Les chômages des moulins sont connus par le maire et par les agents des contributions, et il y aura peu de difficultés; s'il y en a, il y aura des expertises, et l'on saura facilement que tel moulin chôme ou ne chôme pas pendant au moins quatre mois de l'année.

« Telles sont les raisons qui ont fait présenter, à la place de la première, une rédaction qui nous a paru meilleure et plus nette. »

M. *Darblay* n'a pas insisté; il s'est contenté de déclarer qu'il prenait acte des explications données par M. Ternaux.

(1) La commission avait d'abord porté le droit à 30 fr. par cylindre : M. *Barillon* a demandé par quel motif on avait porté ce droit à 150 fr. pour la première machine, et 50 fr. par chaque autre.

M. *Berger* a répondu : « Cela vient de ce que la commission ne s'était pas d'abord bien rendu compte de ce que c'était qu'un cylindre.

« Le cylindre, c'est la machine qui réduit les étoffes en pâte. Les papeteries mécaniques ont ordinairement deux cylindres. De sorte qu'une papeterie qui produit pour 3 ou 400,000 fr. de papiers par an pourrait ne payer que 60 fr.

« La rédaction de la commission est parfaitement claire, lorsqu'elle dit, *par chaque machine*, l'expression est juste, est très-claire; il ne s'agit plus de cylindres, mais de machines; que la machine ait deux, quatre, cinq, six ou dix cylindres, cela ne fait rien, parce que, dans les machines à papier, on emploie des cylindres chauffeurs sur lesquels passe la mécanique; ce ne sont pas des cylindres proprement dits exclusivement destinés à broyer la pâte. »

M. *Barillon* a dit : « L'observation de la commission me satisfait; mais j'ai une autre observation à faire, je demande qu'on introduise ici la même disposition qui a été accordée aux moulins à eau lorsqu'il y a chômage. »

M. *Ternaux* a répondu : « Les papeteries mécaniques sont toujours de très-grandes fabriques; il n'est pas possible de leur appliquer les dispositions de chômage que vous avez adoptées en faveur des petites fabriques. »

M. *Barillon* a repris : « Je vous demande pardon, les papeteries ne sont pas toujours de grandes fabriques. »

M. *Ternaux* a insisté en disant : « On n'a pas tenu compte du chômage aux forges, on ne doit pas l'accorder aux fabriques de papier. »

Scierie mécanique.	Par chaque cadre. . . . . jusqu'au maximum de cent cinquante francs.	5 f

(Ce droit sera réduit de moitié pour les fabriques qui sont forcées, par manque ou par crue d'eau, de chômer pendant au moins quatre mois de l'année).

Scies (Fabrique de).	Ayant dix ouvriers et au-dessous.	25
	Plus trois francs par ouvrier en sus, jusqu'au maximum de trois cents francs.	
Sucre (Raffinerie de).		300
Sucre de betterave (Fabrique de) :		
Pour chaque chaudière à déféquer contenant moins de dix hectolitres.		30
Pour chaque chaudière à déféquer contenant dix hectolitres et au-dessus. . . . . jusqu'au maximum de quatre cents francs.		60

Tannerie de cuirs forts et mous, par mètre cube de fosses ou de cuves, vingt-cinq centimes, jusqu'au maximum de trois cents francs.

Teinturier pour les fabricants et les marchands, trois francs par ouvrier, jusqu'au maximum de trois cents francs.

Transport de la guerre (Entreprise générale du).		1,000
Transport de la guerre (Entreprise particulière de), pour une division militaire.		100
Transport de la guerre (Entreprise particulière pour gîtes d'étape).		25
Transports militaires (Entreprise générale des)		1,000
Transports des tabacs (Entreprise générale de).		1,000
Tréfilerie en fer ou laiton. . .	Dix bobines et au-dessous.	25
	Vingt bobines.	50
	Et quatre francs par chaque bobine en gros numéro, et un franc par bobine d'un numéro fin, jusqu'au maximum de quatre cents francs.	

Verrerie, cinquante francs par four de fusion, jusqu'au maximum de trois cents francs.

Vis (Manufacture de) par procédés mécaniques.	Ayant dix ouvriers et au-dessous.	25
	Plus trois francs par chaque ouvrier en sus, jusqu'au maximum de trois cents francs.	

QUATRIÈME PARTIE.

Droit proportionnel.	Au vingtième : 1° sur la maison d'habitation ; 2° Sur les magasins de vente complétement séparés de l'établissement.	
	Au cinquantième : sur l'établissement industriel.	
Apprêteur d'étoffes pour les fabriques.	Ayant cinq ouvriers et au-dessous.	25
	Et trois francs par ouvrier en sus, jusqu'au maximum de cent cinquante francs.	
Cardes (Manufacture de) par procédés mécaniques.		200
Filature de laine, de chanvre ou de lin, au-dessous de cinq cents broches. . . . . (Non compris les métiers préparatoires.)		15
Par chaque centaine de broches au-dessus de cinq cents. . . . . jusqu'au maximum de quatre cents francs.		3
Filature de coton au-dessous de cinq cents broches. . . . . (Non compris les métiers préparatoires.)		10

Pour chaque centaine de broches au-dessus de cinq cents, un franc cinquante centimes, jusqu'au maximum de quatre cents francs.

Fil de coton, chanvre, lin (Fabrique de).	Pour un ou deux moulins, quinze francs ; plus dix francs par chaque moulin en sus, jusqu'au maximum de quatre cents francs.	
Imprimeur d'étoffes.	Pour vingt-cinq tables et au-dessous	50
	Plus trois francs par table en sus, jusqu'au maximum de quatre cents francs.	
	Un rouleau comptera pour vingt-cinq tables, et quatre pérotines pour un rouleau.	
Machines à vapeur. . . . . Presses pour l'imprimerie, métiers mécaniques pour la filature et pour le tissage, et autres grandes machines (Constructeur de).	Employant moins de vingt-cinq ouvriers.	100
	De cinquante ouvriers.	200
	Plus de cinquante ouvriers.	300
Métiers (Fabrique à). . . . . Pour les métiers réunis dans un corps de fabrique.	Jusqu'à cinq métiers.	10
	Et deux francs cinquante centimes en sus par métier, jusqu'au maximum de quatre cents francs.	
Pour les métiers non réunis dans un corps de fabrique. . . .	Deux francs cinquante centimes par chaque métier, jusqu'au maximum de trois cents francs.	

(Ces droits seront réduits de moitié pour les fabricants à façon.)

Tissage mécanique, par chaque métier deux francs cinquante centimes, jusqu'au maximum de quatre cents francs.

CINQUIÈME PARTIE. — *Droit proportionnel au quinzième sur la maison d'habitation seulement.*

Carrières souterraines ou à ciel ouvert (Exploitant de), ayant moins de dix ouvriers.	25
Plus trois francs par chaque ouvrier en sus, jusqu'au maximum de deux cents francs.	
Cendres noires (Extracteur de), ayant moins de dix ouvriers.	25
Plus trois francs par chaque ouvrier en sus, jusqu'au maximum de deux cents francs.	
Chaussées et routes (Entrepreneur de l'entretien des).	25
Desséchement (Entrepreneur de travaux de).	50
Dragueur entrepreneur.	50
Fabrication dans les prisons, etc. (Entrepreneur de), pour un atelier de vingt-cinq détenus et au-dessous.	25
Par chaque détenu en sus cinquante centimes, jusqu'au maximum de cinq cents francs.	
Fabrication dans les dépôts de mendicité (Entrepreneur de), moitié du droit ci-dessus fixé pour les entrepreneurs de fabrication dans les prisons.	
Fournisseur général dans les prisons et dépôts de mendicité :	
A forfait et par tête de détenu, pour une population de trois cents détenus et au-dessous. . .	150
Par cent détenus en sus, vingt-cinq francs, jusqu'au maximum de cinq cents francs.	
Flottage (Entrepreneur de).	25
Fruits sur bateaux (Marchand de).	50
Gare (Entrepreneur de).	100
Minières non concessibles (Exploitant de), ayant moins de dix ouvriers.	25
Plus trois francs par chaque ouvrier en sus, jusqu'au maximum de deux cents francs.	
Restaurateurs sur coches et bateaux à vapeur.	50
Spectacle (Directeur de) :	
1° Le quart d'une représentation complète (1) dans les théâtres où l'on joue tous les jours ;	
2° Le huitième si l'on ne joue pas tous les jours, et si la troupe est sédentaire ;	
3° Si la troupe n'est pas sédentaire, c'est-à-dire si elle ne réside pas quatre mois consécutifs dans la même ville.	50
Tourbières (Exploitant de), ayant moins de dix ouvriers.	25
Plus trois francs par chaque ouvrier en sus, jusqu'au maximum de deux cents francs.	
Travaux publics (Entrepreneur de).	50
Madragues (Fermier de).	25

TABLEAU D. — *Exceptions à la règle générale qui fixe le droit proportionnel au vingtième de la valeur locative.*

Le droit proportionnel (2) est fixé au quinzième ;

1° Pour les patentables compris dans la première classe du tableau A ;

2° Pour les patentables compris dans le tableau B ;

3° Pour les patentables compris dans la première partie du tableau C.

Il est également fixé au quinzième, mais sur la maison d'habitation seulement, pour les patentables compris dans la cinquième partie du tableau C.

Le droit proportionnel est fixé au vingt-cinquième de la valeur locative des établissements industriels compris dans la deuxième partie du tableau C.

Au trentième de la valeur locative des locaux servant à l'exercice des professions ci-après désignées :

Marchands de bois en gros compris dans la première classe du tableau A ;

Marchands de charbon de bois et de charbon de terre, compris dans la première et la deuxième classe du tableau A ;

Marchands de vins en gros ;

Commissionnaires entrepositaires de vins ;

Marchands d'huiles en gros ;

Au quarantième de la valeur locative :

1° De tous les locaux occupés par les patentables des septième et huitième classes du tableau A, mais seulement dans les communes d'une population de vingt mille âmes et au-dessus ;

2° Des établissements industriels compris dans la troisième partie du tableau C ;

3° Des locaux servant à l'exercice des professions ci-après désignées :

Fabricants de gaz pour l'éclairage (3) ;

---

(1) M. *Delespaul* a demandé que ces mots *représentation complète* fussent remplacés par ceux-ci : *représentation réelle* ; il entendait par là que la patente fût calculée non pas d'après le nombre des spectateurs que la salle peut contenir, mais d'après le produit moyen de la recette pendant toute l'année.

Cet amendement n'a pas été adopté.

La patente de l'entrepreneur de spectacles, qui exploite simultanément plusieurs théâtres, se calcule sur le produit d'une représentation complète dans chacun de ces théâtres. (Ord. du 2 juillet 1836, Mac., 1836, p. 323 ; Dalloz, 37. 3. 99.)

Il n'y a pas lieu d'exempter du droit de patente le directeur de théâtre par le motif qu'il reçoit une subvention de la ville où il exerce son industrie. (Ord. 31 janvier 1838, Mac., 1838, p. 57.)

(2) M. Benoist a demandé comment on appliquerait les principes établis par les tableaux C et D sur la fixation du droit proportionnel aux valeurs locatives des établissements de chemins de fer.

M. *le rapporteur* a répondu : « La commission pense que le droit proportionnel sur les établissements de chemins de fer ne doit porter que sur les chantiers, ateliers, magasins ou autres locaux d'exploitation, et sur les gares situées aux deux extrémités de chaque chemin. Quant à la voie de fer elle-même, y compris non seulement les rails, mais les stations intermédiaires, il ne doit pas être question de leur faire supporter le droit proportionnel.

(3) M. *Schneider* a demandé qu'il fût expliqué que les tuyaux servant au transport ne sont pas compris dans la valeur locative. Et M. *le rapporteur* a répondu : « Il en est des tuyaux de gaz comme des rails (voy. la note précédente) ; il est évident qu'ils ne peuvent pas faire partie des objets qui servent à fixer la valeur locative. »

Imprimeurs-typographes employant des presses mécaniques ;
Maîtres d'hôtel garni ;
Loueurs en garni ;
Individus tenant des maisons particulières
d'accouchement,
de santé,
de retraite,
des établissements d'orthopédie ;
Magasiniers ;
Entrepreneurs de roulage,
de bains publics,
de bains de rivière en pleine eau ;
Maîtres de jeu de paume ;
Individus tenant un manége d'équitation,
une école de natation,
un jardin public,
un parc à charrettes ;

Au cinquantième de la valeur locative des établissements industriels compris dans la quatrième partie du tableau C.

Paient le droit proportionnel au vingtième, sur les maisons d'habitation seulement :

Les concessionnaires, exploitants ou fermiers des droits d'emmagasinage dans un entrepôt ;

Les adjudicataires ou fermiers des droits de halles ou marchés ;

Les adjudicataires des droits de jaugeage des liquides ;

Les fermiers des droits de pesage et de mesurage ;

Les fournisseurs d'objets de consommation dans les cercles ou sociétés ;

Les directeurs de diorama, panorama, géorama, néorama ;

Les fermiers de fontaines publiques ;

Les adjudicataires des droits d'octroi ;

Les concessionnaires, exploitants ou fermiers de péage sur un pont ;

Les fermiers de bacs ;

Les concessionnaires ou fermiers d'abattoir public ;

Les directeurs des monnaies.

Sont exempts de tout droit proportionnel :

Les patentables des septième et huitième classes, résidant dans les communes d'une population inférieure à vingt mille âmes ;

Et les fabricants à métiers ayant moins de dix métiers, et ne travaillant qu'à façon.

FIN.

www.ingramcontent.com/pod-product-compliance
Ingram Content Group UK Ltd.
Pitfield, Milton Keynes, MK11 3LW, UK
UKHW021001180726
13838UKWH00003B/1409